ビジネスパーソン
が知っておくべき
「情報Ⅰ」
が1冊でわかる本

代々木ゼミナール情報科講師
株式会社数強塾代表取締役

藤原進之介

日本能率協会マネジメントセンター

はじめに
〜なぜ情報Ⅰを学ぶのか？〜

情報Ⅰを学ぶ理由

　2022年度から高校の必修科目となった「情報Ⅰ」は、現代社会において不可欠な情報技術（IT）や情報通信技術（ICT）を学ぶ重要な科目です。

　この科目は、プログラミングを扱うことで話題性がありますが、他にも著作権のルールやデータの統計的分析、情報デザイン、問題解決スキルまで、幅広い内容をカバーしています。情報Ⅰという科目は、現代社会で生き抜くための基本的な素養であり、社会人こそ身につけるべき教養なのです。

IT人材の育成と国際競争力

　日本は現在、IT人材の不足と国際デジタル競争力の低迷に直面しています。情報Ⅰを通じて高校生がITの基礎を学ぶことは、この問題の解決策の一つです。情報Ⅰの教育を受けた学生は、データ分析やAI（人工知能）技術を駆使して、現代のビジネスシーンで重要な役割を果たすことが期待されます。だからこそ、単なるプログラミングの習得にとどまらず、現代社会で必要不可欠な「情報リテラシー」を多方面から身につけるための重要な科目「情報Ⅰ」を学ぶ必要があるのです。

情報Ⅰの学習内容とその意義

情報Ⅰは以下の4つの領域から構成されています。

1. 情報社会の問題解決
社会における情報の役割や問題点を理解し、その解決方法を学びます。

2. コミュニケーションと情報デザイン
効果的な情報伝達方法とデザインの基本原則を学びます。

3. コンピュータとプログラミング
プログラミングの基礎を学び、コンピュータの仕組みを理解します。

4. 情報通信ネットワークとデータの活用
ネットワークの基本とデータの分析・活用方法を学びます。

大まかに、前半2章は文系寄りで、後半2章は理系寄りと言われることがあります。

情報Iという科目は、文系と理系のどちらの要素も併せ持つ科目なのです。4つの単元の学習を通して、情報を効果的に収集・分析し、問題解決に活用する能力を身につけます。

社会での応用と将来の展望

情報Iの学習内容は、大学や企業でも非常に有用です。たとえば、プログラミングやデータ分析のスキルは、ビジネスの現場でのデータ活用やAIの導入に役立ちます。

また、情報デザインのスキルは、マーケティングやコミュニケーションの分野で活かされます。さらに、エビデンスに基づいた意思決定（EBDM: evidence-based decision making）の能力も養われるため、学生は将来、高度なITスキルを持つ人材として社会で重要な役割を果たすことができます。

よく、社会人に情報Iについて教えたときに「情報Iを学んでいる高校生が数年後に社会人になることを想像すると、自分も勉強しなければならないと思います」と言われます。情報Iは、社会人も同時に学ぶべき科目なのです。

デジタルシティズンシップの育成

デジタルシティズンシップの「シティズンシップ」という言葉は、もともと「市民」としての権利や責任を意味します。デジタルシティズンシップは、インターネットやデジタルデバイスの「市民」として、適切な行動やマナーを守ることを

指します。

　つまり、オンラインの世界で他人に迷惑をかけない、プライバシーを尊重する、情報を正しく使うなど、デジタル社会の一員としての責任を果たすことです。

情報社会を生き抜くための本質

　インターネットの出現とスマートフォンの普及がもたらした「情報発信・受信の容易さ」は、非常に大きな恩恵である一方、「誤情報」「デマ」「モラル欠如」などの危険と隣り合わせです。だからこそ、情報を鵜呑みにせず、発信者の責任や意図を考え、真偽を見極める力が不可欠です。

　また、生成AIや暗号通貨・IoTといった新しい技術が普及するなかで、情報を単に受け取るだけでなく、主体的に使いこなし、社会に還元していく姿勢が求められています。

学び続ける文化の推進

　情報Iの学習は、一度習得すれば終わりではありません。情報技術は日々進化しているため、常に新しい知識を学び続けることが求められます。大学教育や企業のOJT(On-the-Job Training)においても、継続的な学習とスキルアップが重要です。この学び続ける文化を推進することが、デジタルトランスフォーメーションを実現する鍵となります。

情報Iは、現代の社会で活躍するための必須知識といえます。実際に、企業の中ではデータ分析や情報セキュリティの知識が求められる場面が増えており、情報Iで扱う知識を持つ人材が重宝されています。

　本書では、情報Iで学べる内容を具体的に紹介し、初めて学ぶ方にもわかりやすいように丁寧に解説していきます。たとえば、メディアとは何か？　という根本的な問いから専門的な概念まで、幅広く理解できるように説明していきます。

　それでは、情報Iの学習を始めていきましょう。日本の未来を支えるデジタルリテラシーを、共に身につけていきましょう！

藤原進之介

CONTENTS

はじめに 3

第1章 情報社会

- **01** 情報社会とは? 12
- **02** メディアの移り変わり 20
- **03** メディアリテラシーと情報モラル 27
- **04** 個人情報の保護とその管理 43

第2章 情報デザイン

- **01** 情報デザインとは? 66
- **02** ユニバーサルデザインとは? 74
- **03** 現代社会におけるデジタル化の重要性 82
- **04** アナログとデジタル 87
- **05** ビットと符号化／ビット数の単位計算 90
- **06** 文字のデジタル表現／音のデジタル化 97
- **07** 画像のデジタル化とデータの圧縮 103
- **08** 動画のデジタル表現 109

第 3 章 コンピュータとプログラミング

- **01** コンピュータの処理や演算の仕組み 114
- **02** アルゴリズムとプログラミング 121
- **03** プログラミングの基本 137
- **04** 探索のアルゴリズム／整列のアルゴリズム 144

第 4 章 情報通信ネットワークとデータの活用

- **01** 情報通信ネットワークとプロトコル 156
- **02** インターネットの利用／電子メールの仕組み 178
- **03** 通信における情報の安全を確保する技術 184
- **04** データベースの基本とデータの分析 188

おわりに 205

第 1 章

情報社会

01 情報社会とは？

　現代では、多くの人がスマートフォンで写真を撮り、SNS（ソーシャルネットワーキングサービス）で共有するのが当たり前になっています。その結果、私たちの周りには膨大な情報が溢れています。

　このように、情報が社会の中心となり、私たちの生活を支えている社会を「情報社会」と呼びます。現代の情報社会は、情報を作り出し、伝達するための技術や機器が飛躍的に発展した結果、私たちの生活に大きな影響を与えています。

　しかし、この情報社会は突然現れたわけではありません。振り返れば、私たち人類は太古の昔から情報を伝達してきました。

　人類が言語を発明し、互いにコミュニケーションを取る手段を得たときから、情報の伝達は生存のために欠かせないものでした。獲物を狩り、家を建て、家族を形成し、共同で生きる「社会」を築くためには、価値のある情報を共有することが必要不可欠だったのです。

つまり、情報の伝達は人類の生存と発展にとって根本的な要素であり、私たちは他の動物と異なり、高い知能を活かして電気機器やコンピュータを発明し、情報の生成や伝達の効率を飛躍的に向上させてきました。

私は予備校講師として、中学生や高校生に勉強を教える機会が多いのですが、実に多くの子供たちがYouTubeやInstagramの投稿に影響されています。

さらに、スマートフォンで情報を受信するだけでなく、発信することもできます。今や、中学生や高校生でさえSNSに写真や動画を投稿でき、ファンを獲得したり、友人を作ったりしているのです。個々人がインターネットに接続した結果、現在の情報社会が形作られ、私たちはこれまで以上に多くの情報に囲まれて生活しています。情報の力を理解し、活用することが、現代社会での成功や充実した生活に直結しているのです。

情報は21世紀の石油

「情報は21世紀の石油」という言葉があります。

これは、現代における情報の価値と重要性を示す強い比喩です。20世紀において、石油はエネルギーの源であり、経済の発展に不可欠な資源でした。同様に、21世紀では情報が新たな経済の基盤となり、企業や国家の成長、イノベーションを推進する力となっています。

情報社会では、情報を上手に扱うことが、個人にとっても企業にとっても、成功の鍵となっているのです。

　情報は、ただ集めるだけでなく、適切に分析し、活用することで初めて価値を持ちます。企業が顧客データを分析して新しいビジネスチャンスを見つけたり、政府がビッグデータを用いて社会問題を解決したりするように、情報は現代の経済活動や社会構造の根幹を支えています。まさに、情報が21世紀の「新しい石油」として、私たちの生活やビジネスを動かす原動力となっているのです。

　石油がガソリンや軽油といったさまざまな形に精製され、私たちの生活を支えるエネルギー源となるように、情報もその活用次第で多くの価値を生み出すことができます。

　一方で、石油と同じように、情報の扱いを誤ると大きな危険を伴うことも忘れてはなりません。個人情報の漏洩や不適切なデータ利用は、人々のプライバシーを侵害し、深刻な被害を引き起こす可能性があります。情報を慎重に管理し、倫理的かつ責任ある形で活用することが求められるのです。

🌳 Society 5.0 と情報社会

　Society 5.0 は、情報社会の次のステージとして提唱されています。これは、AIやIoT（モノのインターネット）、ビッグデータなどの先進技術を駆使して、より高度な社会を実現しようとする取り組みです。

Society 5.0 では、情報が単なるデータとしてではなく、社会全体の課題解決や価値創造のために活用されます。

これにより、経済的な発展だけでなく、環境問題や高齢化社会といった社会的課題も解決されることが期待されています。

🌳 情報の性質

「情報」は「モノ」と比較してどのような性質があるでしょうか？　たとえば、ディスプレイに表示されたリンゴと、物理的に触れるリンゴは、どのような違いがあるでしょうか？

残存性

情報は使用されても消費されず、複数の人が同時に利用可能です。この特性は、情報の共有や再利用を容易にし、情報の価値を高めます。たとえば、デジタル書籍やオンラインコースは、一度作成されると無限に複製され、多くの人々が同時に利用できます。

伝播性

情報は瞬時に広範囲に伝わり、多くの人々に影響を与えます。これにより、社会全体での迅速な意思決定や反応が可能となります。たとえば、ソーシャルメディアを通じて情報が瞬時に拡散されることで、企業のマ

ーケティング戦略や政治的なキャンペーンが大きな影響を受けます。

複製性

情報は簡単に複製可能で、低コストで多くの人に提供できます。この特性は、教育やビジネスの分野で特に重要であり、大量の情報を効率的に広めることができます。たとえば、電子メールやクラウドストレージを利用することで、情報を低コストで迅速に配布できます。

情報の個別性と目的性

　情報は、個別の目的やコンテキストに応じて、その価値や利用方法が変わります。

　これを理解することは、情報を効果的に活用するために重要です。

個別性

情報は、受信者によって価値が異なります。たとえば、同じニュース記事であっても、ある人にとっては非常に重要で有益な情報である一方で、別の人にとってはあまり関心を引かないものかもしれません。

具体的な例として、ソーシャルメディアのアルゴリズムは、受信者が過去に関心を示した情報を基に、同様の情報ばかりを推薦する傾向があります。これにより、受信者は自分が見たい情報ばかりを目にするようになり、他の視点や意見に触れる機会が減少してしまいます。たとえばTikTokやInstagramのようなSNSは、アプリを開いた途端に「あなたへのおすすめ」の投稿が表示されます。この現象は「フィルターバブル」と呼ばれ、情報の多様性を損なう一因となります。

目的性

情報は特定の目的に応じて収集、加工、利用されます。具体例として、情報が偏った政治的思想を応援する目的で発信されることもあります。特定の政党を支持するために情報が選別され、一方的な視点が強調されることがあります。また、ある事件において特定の犯罪者を過剰に非難するような報道も見られます。
このような情報は、受信者に特定の感情や考えを持たせることを目的としており、情報の利用における「目的性」が強く表れる例といえます。

情報社会の課題と機会

情報社会には多くの利点がありますが、一方で課題も存在

します。個人情報の保護、サイバーセキュリティ、情報格差などがその代表例です。これらの課題に対処しながら、情報の力を最大限に活用することが求められます。

たとえば、個人情報の保護に関する法律（個人情報保護法）は、個人のプライバシーを守るための重要な枠組みです。また、サイバーセキュリティ対策は、情報の機密性、完全性、可用性を確保するために不可欠です。これらの取り組みを通じて、情報社会の持続可能な発展が可能になります。

情報Ⅰの重要性

情報Ⅰは、プログラミングばかりを勉強する科目ではありません。

情報とは何か？　著作権などの知的財産権はどのようなルールなのか？　データ分析、情報デザインとは何か？　情報社会においてどのように生きていくか？　といった学びを通して、社会人としての教養を高められる科目です。

特に、現代は一般企業を狙ったサイバー犯罪が増加しており、SNSの利用においても簡単に著作権違反を犯してしまうリスクがあります。

このような状況を踏まえると、情報Ⅰで学ぶ知識やスキルは、社会人にとっても必須の教養といえます。

情報Ⅰの学びは、以下の4つの分野から構成されています。

1. 情報社会

現代の情報社会における基本的な知識を学びます。サイバー犯罪や著作権の問題、情報の流通とその影響など、社会人として知っておくべき重要なテーマを扱います。

2. 情報デザイン

効果的に情報を伝えるためのデザイン手法を学びます。これは、視覚的にわかりやすい資料作成や、情報の整理・発信に役立つスキルです。

3. コンピュータ

コンピュータの構造や動作原理を理解し、「コンピュータに対する命令」としてのプログラミングについて学びます。アルゴリズムを考える過程を通して、デジタル社会での問題解決能力を養います。

4. ネットワーク

インターネットや社内ネットワークの仕組みを学びます。特に、セキュリティの重要性や、ネットワークの活用方法について理解を深めることで、情報の安全な取り扱いが可能になります。

02 メディアの移り変わり

メディアとは、情報を伝達するための手段や媒体のことを指します。これまでの歴史において、メディアは人々のコミュニケーションの方法を大きく変え、多くの進化を遂げてきました。ここでは、歴史的なメディアの移り変わりを時系列に沿って整理し、その壮大な変遷をたどってみましょう。

メディアの進化の歴史

1.洞窟壁画（約3万年前）

最古のメディアの一つで、先史時代の人類が洞窟の壁に描いた絵画です。これらの絵画は、狩猟の様子や宗教的儀式を描いており、当時の人々の生活や文化を後世に伝える役割を果たしています。

2.印刷機（1440年代）

ヨハネス・グーテンベルクが発明した印刷技術は、情報の大量生産と広範な配布を可能にしました。これにより、書籍や新聞が広く普及し、知識や情報の共有が飛躍的に進みました。印刷機の登場は、ルネサンスや宗教改革に大きな影響を与えました。

3.狼煙（古代から中世）

火や煙を使って遠距離に情報を伝える古代から中世にかけてのコミュニケーション手段です。特に戦時においては、敵の接近を知らせるために使用されました。シンプルながらも効果的な情報伝達手段でした。

4.腕木通信（18世紀末）

クロード・シャップが発明した視覚的な通信システムで、塔の上に設置された腕木を動かして文字やメッセージを伝える方法です。フランス革命期に用いられ、ヨーロッパ全土に通信ネットワークが広がりました。

5.モールス信号（1837年）

サミュエル・モールスが発明した電気通信手段で、点と線の組み合わせを使って文字や数字を伝えます。電信機の普及により、遠距離間での迅速な情報伝達が可能になり、通信技術の飛躍的発展をもたらしました。

6.蓄音機（1877年）

トーマス・エジソンが発明した音声を記録・再生する装置で、音楽や音声の記録が可能になりました。これにより、音楽やスピーチの広範な配布と保存が可能となり、音声メディアの新たな時代が始まりました。

7.紙媒体（古代から現在）

新聞、雑誌、書籍などの印刷物で、情報を保存し、後世に伝える役割を果たしてきました。印刷技術の発展により、紙媒体は長い間、情報の主な伝達手段として機能してきました。

8.放送メディア（20世紀初頭から現在）

ラジオ、テレビなど、広範囲に情報を伝える手段です。放送メディアはリアルタイムでの情報提供が可能であり、緊急時の情報伝達にも重要です。特に第二次世界大戦期には、放送メディアが戦況報告やプロパガンダに活用されました。

9.デジタルメディア（20世紀後半から現在）

インターネット、SNS、ブログなど、個人が情報を発信・共有できる媒体です。デジタルメディアの普及により、誰でも簡単に情報を発信できるようになりました。X（旧Twitter）やFacebook、InstagramやTikTokなどのSNSは、個人が瞬時に情報を広める手段となり、従来のマスメディアでは考えられなかった速度と規模で情報が拡散されます。これにより、情報の民主化が進み、誰でも情報の発信者となりうる時代が到来しました。

図1 メディアの進化の歴史

1 洞窟壁画（約3万年前）

最古のメディアの一つで、先史時代の人類が洞窟の壁に描いた絵画。

2 印刷機（1440年代）

印刷技術により情報の大量生産と広範な配布が可能に。

3 狼煙（古代から中世）

火や煙を使って遠距離に情報を伝えるコミュニケーション手段。

4 腕木通信（18世紀末）

塔の上に設置された腕木を動かしてメッセージを伝える方法。

5 モールス信号（1837年）

点と線の組み合わせで文字や数字を伝える電気通信手段。

6 蓄音機（1877年）

トーマス・エジソンが発明した、音声を記録・再生する装置。

7 紙媒体（古代から現在）

新聞・書籍・雑誌などの印刷物で、情報を保存し、後世に伝える。

8 放送メディア（20世紀初頭から現在）

ラジオ、テレビなど広範囲に情報を伝える手段。

9 デジタルメディア（20世紀後半から現在）

インターネット、SNSなど個人が情報を発信・共有できる媒体。

第1章 情報社会

🌳 マスメディアと情報社会

マスメディアは、テレビ、ラジオ、新聞、雑誌などの形で、多くの人々に大量の情報を一度に届ける手段です。

たとえば、ニュース番組は、報道機関が収集・検証した情報をテレビやラジオで全国に配信し、公共の利益に関わる出来事や重要な社会問題を人々に伝えています。新聞も、同様に記事を通じて時事情報や分析を提供し、広範な社会の知識形成に貢献しています。

一方、SNSやソーシャルメディアは、インターネット上で個人が情報を発信・共有できる場を提供するものです。

Facebook、X（旧Twitter）、Instagram、TikTokといったプラットフォームでは、ユーザーが自分の日常、意見、アイデアを瞬時に投稿し、フォロワーや友人とコミュニケーションを図ることができます。さらに、SNSでは双方向のやり取りが可能で、コメントやリアクションを通じて他者と即座に交流できる点が特徴です。

🌳 マスメディアとソーシャルメディアの比較

マスメディアとソーシャルメディアには大きな違いがあります。マスメディアは通常、一方通行で情報を発信する形式をとっており、限られたメディア企業や報道機関が中心となり、信頼性のある情報を提供することを重視しています。

情報は編集・検証されるため、ある程度の信頼性と正確性が担保されています。

　それに対し、ソーシャルメディアでは、情報の発信者が個人であり、編集や検証が行われないことが多いです。このため、内容の信頼性は発信者の判断に委ねられることになり、誤情報や偏向した情報が流布されやすいという課題もあります。
　しかし、その分、ソーシャルメディアでは即時性が高く、速報性や多様な視点が提供されるため、ニュースの拡散や現地のリアルな情報を素早く共有する力があります。

情報社会における役割の変化

　デジタルメディアの普及によって、情報の流通は従来の一方向から多方向へと拡大し、一般市民もまた情報の発信者となりました。YouTubeやポッドキャストなどのプラットフォームでは、個人が放送メディアのようにコンテンツを配信でき、視聴者は自分の興味に合わせてコンテンツを選択できるようになっています。

情報社会では、情報の質と量が個人や社会全体に多大な影響を及ぼします。たとえば、ある出来事がSNSで話題になると、それがニュースとして取り上げられ、広く社会に影響を及ぼすこともあります。そのため、現代では情報リテラシーの向上が求められ、情報を正しく評価し活用する能力が重要なスキルとなっています。

　このように、マスメディアとソーシャルメディアは、それぞれ異なる強みを持ちながらも相互に影響を与え合い、情報社会の発展に大きく寄与しています。

03 メディアリテラシーと情報モラル

　メディアリテラシーとは、メディアを批判的に理解し、適切に活用する能力のことです。情報の真偽を見極め、適切な情報を選択する力が求められます。誰もが匿名で情報を発信できるからこそ、受信した情報が信じるに値するか？　という観点で、鵜呑みにせず批判的に思考する必要があります。

情報の信ぴょう性

　信頼性の高い情報源を見極める能力が必要です。情報が多様化する中で、正しい情報と誤った情報を見分けることはますます重要となっています。

批判的思考

　情報の背景や意図を理解し、鵜呑みにしない態度が求められます。批判的思考を身につけることで、情報の偏りやバイアスに対しても敏感になることができます。

🌳 情報モラル

情報モラルとは、情報を適切に取り扱うための倫理的な基準です。ネットいじめや個人情報の漏洩を防ぐために、情報の取り扱いには慎重さが求められます。同時に、情報の信ぴょう性を確認し、正確に理解するためのリテラシーも必要です。特に、昨今のSNSの利用においては「一次・二次・三次情報」の区別や「クロスチェック」といった概念を意識することも大切です。

🌳 一次・二次・三次情報の区別

一次情報とは、実際に自分で体験したり、見たり、確認した情報です。たとえば、目の前で起きた出来事や、自分が直接関わった経験が一次情報にあたります。

二次情報は、人から聞いた情報や、一次情報を基に他者がまとめた情報です。友人からの伝聞や、ニュースサイトが報道した内容など、情報源が自分以外のものである場合が二次情報に該当します。

三次情報は、発信源が不明確な情報です。たとえば、SNSで見かけた噂話や、発信者が明確でないまとめサイトなどの情報は、三次情報と考えられます。三次情報は一次や二次情報に比べて信ぴょう性が低く、内容が変形されやすい特性があるため、注意が必要です。二次、三次情報になると、元の情報の一部が省略されたり、発信者の主観が加わる可能性が

図2 情報モラルの具体例

プライバシーの尊重

他人の個人情報を無断で公開しないこと。

著作権の遵守

他人の著作物を無断で利用しないこと。

誹謗中傷の禁止

他人を傷つける発言をしないこと。

あるため、正確さが失われることが増えます。

　たとえば、SNSで話題になるニュースが実際の事実と異なっていたり、重要な部分が欠けていたりすることも少なくありません。

🌳 クロスチェックの重要性

　クロスチェックとは、情報の正確さを確認するために、複数の情報源から内容を照らし合わせる手法です。

　SNSでは、情報が拡散されるスピードが速いため、誤情報や不確かな情報もあっという間に広がることがあります。そこで、異なる視点からの情報や公式の発表などを参照し、情報の正確さを判断する心がけも大切といえます。

　著者である私、藤原進之介はラーメンが好きなのですが、博多とんこつラーメンを夜に食べる習慣があるために、高血圧になったり、病気になったりするかもしれません。たとえば、お医者さんから「藤原さんはガンかもしれません」と言われたとします。本当にガンなのかチェックするために、専門の別のお医者さんや、別の診療科で、別の機械を用いてチェックすることで、さらに診察の精度を上げることができるでしょう。これもクロスチェックといえます。

🌳 情報モラルとリテラシーの重要性

情報社会において、情報モラルとリテラシーを身につけることは、私たちが誤った情報や偏った情報に影響されないために必要不可欠です。

特に、SNSでは情報が感情的に拡散されやすいため、情報の信ぴょう性を常に意識することが求められます。一次情報かどうか、複数の情報源でクロスチェックされているかを確認する習慣をつけ、信頼できる情報を見極めるスキルを高めることが、現代社会を生きる私たちにとって大切なのです。

情報モラルは、デジタル社会においてのエチケットであり、インターネットの匿名性の中で正しい行動を促すものです。
以降では、情報モラルの具体例についていくつか紹介していきます。

🌳 プライバシーの尊重

　他人のプライバシーを尊重することは、情報モラルの基本です。具体的には、個人の名前や住所、連絡先といった個人情報を無断で公開しないことが求められます。SNSやブログなどで、他人の個人情報を軽率に公開すると、その人の安全やプライバシーが脅かされる可能性が高まります。

　たとえば、友人と撮影した写真をSNSに投稿する際、その友人の許可を得ることが重要です。彼らが自身の写真や名前を公開されることに同意しているかを確認することで、プライバシーを守ることができます。

🌳 著作権の順守

　著作権は、創作者が自身の作品に対して持つ権利です。これには、テキスト、音楽、映像、イラスト、プログラムなどが含まれ、創作者はその作品の使用や公開に関して一定の権利を持っています。他人の著作物を無断で利用することは、著作権の侵害にあたります。

　たとえば、ブログやSNSで他人の写真や文章を引用する際には、必ず出典を明示し、引用の範囲を守ることが大切です。また、許可を得ずにコピーや配布を行うと、法的な責任が発生する可能性もあります。

近年では、SNS上での無断転載が大きな問題となっています。たとえば、インターネット上で見つけた写真やイラストを、その作者に無許可で他のSNSに転載した場合、著作権侵害として訴えられる可能性があります。著作物を共有する際には、使用許可の有無を確認し、著作権者の権利を尊重する姿勢が必要です。

誹謗中傷の禁止

　インターネットやSNSでは、他人に対する誹謗中傷や悪意ある発言が拡散しやすく、被害者に大きな精神的苦痛を与えることがあります。他人を傷つける発言をしないこと、また悪意のある情報を拡散しないことは、情報モラルを守るうえで重要なルールです。

　特に、SNSでは匿名での発言が可能であるため、つい軽率な言葉を使ってしまうこともありますが、相手の気持ちや受け手への影響を考慮することが大切です。法的には、名誉毀損や侮辱罪として訴えられるリスクもあるため、言葉の使い方には十分な注意が必要です。

🌱 知的財産権の尊重

　知的財産権は、創作や発明を通じて得られた成果物に対して、その創作者が持つ独占的な権利のことを指します。知的財産権には、著作権、特許権、商標権などが含まれ、それぞれ異なる形で創作者の権利を保護しています。

　たとえば、新しい技術を開発した企業がその技術に対して特許を取得すれば、その技術の使用には企業の許可が必要です。また、商品やサービスの名称に対して商標権がある場合、他人がその名称を使用することは制限されます。

　知的財産権を侵害すると、経済的な損害を被るだけでなく、法的な制裁を受ける可能性もあります。

　たとえば、企業が開発した新技術を盗用して商品化した場合、知的財産権の侵害として訴えられるリスクがあります。また、SNS上でも他人のアイデアやコンテンツを無断で使用した場合、知的財産権の侵害になることがあるため、注意が必要です。

著作権

　著作権は、作品を創作した者が、その作品に対して持つ権利で、他人が無断で利用することを防ぐための法的な保護です。著作権の範囲は非常に広く、文章や絵画、音楽、映像、プログラムといったさまざまな創作物に適用されます。

　著作権は、ただ作品を守るだけでなく、作品に込められた創作者の思いと価値を次世代へと伝えることにも役立つ権利です。著作権の保護期間は、創作者が亡くなってから70年も続きます。これは、作品がただのコンテンツではなく、時を超えて生き続ける「財産」であり、クリエイターが残した「遺産」として社会に評価され続ける期間でもあるのです。

　著作権は、誰でも申請せずに持てる「無方式主義」に基づいています。作品が生まれた瞬間、創作者は自動的にその権利を持ち、他者に無断で利用されることを防ぐ力を得ます。

　申請や登録が不要ということは、創作者がいつでも、自分のアイデアや表現を守り抜けることを意味しますが、その半面、インターネット時代においては、思いがけず権利を侵害されてしまう危険も含んでいます。ここでは、著作権について大切な内容を紹介していきます。

🌳 著作権の保護期間

著作権は、権利者が生存している間だけでなく、死後一定期間、法的に保護されます。具体的には、著作権者の死後70年が経過するまでその作品は著作権によって守られ、他者が無断で使用することはできません。この「死後70年」という期間は、著作権者の意図や創作の価値がその後の世代にも受け継がれ、正当に評価されるためのものです。

たとえば、ある作家が本を書き、その後作家が亡くなった場合でも、その作品は著作権の対象であり、著作権者の許可なくその作品を複製したり、配布したりすることは禁じられています。70年が過ぎると、その作品は「パブリックドメイン」となり、自由に使用することが可能になります。

🌳 無方式主義

著作権は、他の知的財産権と異なり「無方式主義」を採用しています。これは、作品が創作された時点で自動的に著作権が発生し、特別な手続きを必要としないことを意味します。たとえば、文章を書いたり、絵を描いたりした瞬間に著作権は自動的に生じ、特許のように申請したり、登録したりする必要はありません。

無方式主義の利点は、創作者がすぐにその権利を持ち、自分の創作物を守ることができる点です。しかし一方で、この仕組みは、インターネット上のコンテンツが容易にコピーさ

れる現代では、著作権侵害のリスクも伴います。そのため、作品を発表する際には、著作権があることを明示し、必要に応じて著作権保護に関する表示を行うことが推奨されます。

著作者人格権

著作権の中でも、特に創作者の心や人格に関わる権利が「著作者人格権」です。

著作者人格権には「公表権」「氏名表示権」「同一性保持権」の3つが含まれています。これらの権利は、創作物の内容が創作者の意図と異なる形で利用されたり、改変されたりすることを防ぎ、創作者の人格を尊重するためのものです。

公表権

作品をいつ公表するか、あるいは公表しないかを決める権利です。たとえば、ある作家が完成した小説を公表せずに取っておきたいと考えた場合、この権利によってその意思が尊重されます。

氏名表示権

作品が公表される際に、著作者の氏名を表示するか、匿名にするかを決定できる権利です。作家や画家などが自身の名前を作品に記載したり、あえて記載しなかったりするのは、この権利に基づくものです。

> **同一性保持権**
>
> 著作者の許可なく作品の内容を改変されない権利です。たとえば、ある音楽作品が映画で使用される際に、曲の一部を変更する場合には、必ず著作者の許可が必要です。同一性保持権により、著作者が意図した表現や内容が維持され、創作物が本来の意味を損なわれることを防ぎます。

知的財産権と情報モラルの関連

　著作権や著作者人格権は、知的財産の一部として情報モラルと密接に関わっています。SNSやインターネット上で他人の作品や画像、音楽を無断で利用することは、著作権や著作者人格権の侵害に該当する場合があります。

　たとえば、他人の写真を自分の投稿としてSNSに載せたり、許可なく画像や動画を転載したりすることは、著作権の無断使用にあたります。さらに、作品を意図に反する形で加工して使用した場合、同一性保持権を侵害する恐れもあります。

　情報モラルを守るためには、他人の著作物を利用する際には必ず権利者の許可を得ることが必要です。また、著作物を引用する場合も、引用の範囲や出典を明示することで、適切な利用が可能となります。こうしたルールを守ることで、情報社会における創作活動の健全な発展が保たれ、クリエイターの意思と人格が尊重されます。

著作権侵害の具体例

　インターネットにより誰もが情報を得ることができるようになった一方で、私たちの生活を豊かにすると同時に、著作権という権利の境界を曖昧にしてきました。クリック一つで世界中の情報にアクセスできる時代、著作権を巡るトラブルもまた、日々増加しています。特に日本でも、多くの人々に影響を与えた象徴的な著作権法違反事件がいくつか発生しました。これらの事件は、単なる違法行為にとどまらず、私たちが今後どのようにして文化や創造を守りながら自由な情報にアクセスできるかという課題を浮き彫りにしています。

　たとえば、漫画を違法に公開して多くの人が利用した「漫画村」事件、技術と法の狭間で開発者の責任が問われた「Winny」事件、そして違法にアップロードされた動画を手軽にダウンロードする行為に制限がかかった「YouTubeダウンロード」事件。これらの事例は、著作権の本質的な重要性とその守り方について私たちに多くを教えてくれます。

　デジタル化が進む中で、法がどのように進化し、人々の生活にどのような影響を及ぼしてきたのか、これらの事件を通じて考えてみましょう。

1.「漫画村」事件

〈概要〉

「漫画村」は、無料で漫画を閲覧できる海賊版サイトで、漫画作品を著作権者の許可なく無断で公開していました。2017年頃から利用者が急増し、人気作品が次々とアップロードされて多くのユーザーがアクセスしました。

〈影響〉

漫画村の影響は大きく、利用者数が非常に多く、著作権者（漫画家や出版社）に多大な損害を与えたとされています。出版社によると、出版業界全体で数百億円もの経済的損失が発生したとも言われています。

〈対応と結果〉

2018年に日本政府は「漫画村」を遮断するための対策を講じ、サイト自体は閉鎖されました。その後、サイト運営者は海外で逮捕され、最終的には2021年に裁判で有罪判決が下されています。この事件は、日本での著作権侵害に対する取り締まり強化を示す大きな出来事でした。

2.「Winny」事件

〈概要〉

「Winny」は日本のファイル共有ソフトで、もともと合法的なファイルの共有を目的に開発されました。しかし、著作権のある音楽や映画が違法に共有される場として広まり、著作権侵害に使用されるケースが多発しました。

〈影響〉

Winnyを使った著作権侵害が広がり、著作権者や業界団体が大きな損害を被りました。また、違法コピーの流通が促進されたことで、映像・音楽業界に深刻な経済的影響を与えました。

〈対応と結果〉

Winnyの開発者は2004年に逮捕され、裁判で著作権侵害の幇助罪が問われました。しかし、最終的に2011年に無罪が確定しました。この事件は、技術開発と著作権の問題を浮き彫りにし、違法行為に使用される可能性がある技術とその開発者の責任に関する議論を巻き起こしました。

３．「YouTubeダウンロード」事件
〈概要〉

　日本国内でもYouTubeや他の動画共有サービスからの動画ダウンロード行為が著作権法に抵触するケースが多く、特に2020年に施行された改正著作権法では、違法にアップロードされた動画をダウンロードする行為が違法とされました。

〈影響〉

　動画を違法にダウンロードする行為が横行し、特に音楽業界や映像業界に大きな被害が発生していました。これにより、著作権侵害に対する規制を強化する流れが加速しました。

〈対応と結果〉

　改正著作権法の施行後、著作権を侵害する意図でのダウンロードが違法とされ、摘発が行われるようになりました。この改正は、日本の著作権法が時代の変化に対応している例といえ、消費者にとっても著作権意識を高める契機となりました。

　これらの事例は、日本における著作権法の適用とその対応が、インターネットやデジタルコンテンツの普及に伴って進化していることを示しています。それぞれの事件を通じて、著作権法違反の深刻さとその社会的影響が再認識され、法整備の必要性が浮き彫りになりました。

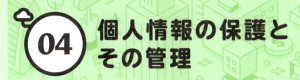

04 個人情報の保護とその管理

　個人情報とは、氏名、住所、電話番号、個人識別符号など、個人を識別できる情報のことです。これらの情報は、個人のプライバシーに深く関わり、適切に管理されなければなりません。

　情報社会において、個人情報の保護は非常に重要な課題であり、個人情報が流出することにより、プライバシー侵害や詐欺被害のリスクが高まります。そこで、個人情報の取り扱いには厳格なルールと管理が必要とされます。

個人情報の定義と分類

　個人情報はその重要性や特性に応じていくつかのカテゴリーに分類されます。以下に具体的な専門用語を用いて説明します。

個人識別符号

個人に固有の識別符号で、パスポート番号やマイナンバーなどが含まれます。この符号は、特定の個人を識別するために用いられ、他人に漏れると深刻な悪用の危険があります。

要配慮個人情報

通常の個人情報に比べて、より厳重な管理が求められる情報です。具体的には、健康情報、病歴、障害情報、財務情報、犯罪歴などがあります。これらの情報が流出すると、個人の生活に重大な影響を与える可能性が高いため、特別な保護措置が必要です。

基本四情報

氏名、住所、生年月日、性別です。個人を特定するために重要な情報です。役所の手続きや行政サービスの提供において、これらの情報が必要となることが多いです。

🌱 個人情報の保護に関する法律

　個人情報保護法は、個人情報の取り扱いに関する基本的なルールを定めた法律です。

　この法律により、企業や組織は個人情報を適切に管理しなければならず、違反した場合には厳しい罰則が科せられます。個人情報保護法の主なポイントは以下の通りです。

利用目的の明示

個人情報を収集する際には、その利用目的を明確にし、本人に通知または公表しなければなりません。これにより、情報の適正な利用が確保されます。

第三者提供の制限

個人情報を第三者に提供する場合、原則として本人の同意が必要です。同意を得る際には、提供先とその目的を明確にする必要があります。

安全管理措置

個人情報を適切に保護するために、必要なセキュリティ対策を講じる義務があります。これには、技術的な措置（例：暗号化、アクセス制御）や組織的な措置（例：内部規程の整備、従業者教育）が含まれます。

🌳 プライバシー保護：
　個人の権利を守るために

　プライバシー保護は、情報社会において、個人の権利を守るための重要な要素です。プライバシーとは、自分に関する情報が不必要に公開されないようにする権利のことであり、個人の自由と尊厳を守るための基盤です。

　たとえば、SNSでの投稿や個人情報の共有の際には、その情報が他者に悪用されないよう、適切なプライバシー設定や意識が求められます。

　プライバシー保護のためには、情報を取り扱う際のルールが必要です。たとえば、個人情報保護法では、企業や団体が個人情報を収集・利用する際には、利用目的を明示し、本人の同意を得ることが求められています。また、データの利用範囲を限定する「データの最小化」の原則も、個人情報の保護を支える考え方です。

　これにより、企業や組織が必要以上の情報を取得することを防ぎ、情報の漏洩リスクを減らしています。

🌳 プライバシーの脅威と対策

　個人情報が簡単にやり取りされる現代では、プライバシーのリスクも多様化しています。たとえば、位置情報を含むSNS投稿が犯罪者に悪用されるケースや、フィッシング詐欺によって銀行情報が不正に取得されるリスクもあります。

こうしたリスクを防ぐために、情報の管理には十分な配慮が必要です。

　プライバシー保護においては、情報を受け取る側のリテラシーも欠かせません。たとえば、自分の情報がどのように扱われるかに注意を払い、不明なリンクをクリックしない、SNSの公開範囲を設定するといった、自己防衛の手段も必要です。

ソーシャルエンジニアリング

　さらに興味深い点として、情報セキュリティの脅威は、ネット上のサイバー攻撃やハッキングだけに限られません。現実世界でも、情報漏洩のリスクは常に存在しています。

　たとえば、信頼している人物が背後からパスワードを盗み見てしまう、いわゆる「ショルダーハッキング」という手口があります。このような物理的な方法で情報が漏れるケースも多く見られます。

　このように人間の心理的な隙や不注意に付け込み情報通信技術を使わずに重要な情報を盗み出すことをソーシャルエンジニアリングといいます。

　また、同僚や知人が無意識のうちに機密情報を他人に漏らしてしまうケースや、社内外での誤送信による情報漏洩も考えられます。これらの脅威は、単純な人間のミスや油断から生じるものであり、技術的なセキュリティ対策だけでは防ぎきれません。

さらに、紙の書類やUSBメモリといった物理的なメディアが紛失・盗難に遭うリスクも忘れてはなりません。たとえば、重要な資料をコピー機に放置してしまったり、外出先でUSBメモリを落としてしまうことによって、機密情報が意図せず外部に流出する可能性があります。

　このような現実世界での情報セキュリティリスクに対しては、物理的なセキュリティ対策や従業員の意識向上が求められます。たとえば、オフィスでのスクリーンフィルター（覗き見防止）の使用、パスワード入力時の周囲の確認、機密情報の適切な管理・廃棄手順の徹底などが重要です。
　また、組織全体でセキュリティに対する意識を高め、定期的なトレーニングやセキュリティポリシーの見直しを行うことも、これらの脅威に対抗するために不可欠です。
　要するに、情報セキュリティの脅威は多岐にわたっており、インターネット上の攻撃だけでなく、日常生活に潜むリスクにも目を向ける必要があります。物理的なセキュリティと心理的な意識の両方を強化することで、私たちの情報を守るための万全の体制を築くことが求められています。

　ショルダーハッキング、トラッシング、ピギーバックは、情報セキュリティにおいて特に物理的な脅威となる手法です。これらは技術的な攻撃ではなく、主に人間の行動や習慣を利用して情報を不正に入手する手段です。それぞれの手法について詳しく説明します。

ショルダーハッキング

ショルダーハッキングとは、誰かがパスワードや機密情報を入力する際に、その背後からこっそりと画面を覗き見て情報を盗み取る手口です。この攻撃は、カフェやオフィスのオープンスペース、電車内など公共の場で発生しやすく、攻撃者は特別な技術を必要としないため、非常に簡単に行える手法です。

防止策としては、スクリーンフィルターを使用して横から画面が見えないようにする、重要な情報を入力する際には周囲を確認してから行うなどの対策が有効です。

トラッシング

トラッシング（またはダンプスターダイビング）は、ゴミ箱や廃棄物の中から機密情報を探し出す手法です。企業や個人が廃棄した書類や古いデバイスなどから、まだ利用可能な情報を取得することを狙います。

たとえば、顧客リスト、社内メモ、パスワードが書かれたメモなどがターゲットになります。この手口を防ぐためには、機密文書のシュレッダーによる完全破壊、古いデバイスの物理的破壊や安全なデータ消去が必要です。また、廃棄物管理の手順を明確にし、従業員に適切な廃棄方法を教育することも重要です。

> **ピギーバック**

ピギーバックは、認証された人物に続いて物理的なセキュリティゲートを通過することで、無許可の者が建物やセキュリティエリアに侵入する手法です。
この手法では、攻撃者が正規の利用者に続いてドアを一緒に通過し、相手が気づかないように侵入します。
ピギーバックを防ぐためには、入退室管理を徹底し、ドアの自動閉鎖機能を利用したり、入室時に必ず個別の認証を行うようにすることも有効です。

これらの物理的な攻撃手法は、技術的な対策だけでは防ぐことが難しいため、組織や個人が日常的にセキュリティ意識を持つ必要があります。

🌱 個人情報保護の課題と未来

　情報社会の進展に伴い、個人情報の保護に対する期待も高まっています。しかし、技術の進歩とともに新たな課題も生じています。たとえば、AI技術の発展により、個人情報の分析や利用が進む一方で、その適切な管理が求められます。

　また、クラウドコンピューティングやIoTの普及により、データの保存場所や管理者が分散化し、セキュリティリスクが増大しています。

　今後、個人情報保護のためには、より高度なセキュリティ技術の導入と、法制度の整備が不可欠です。さらに、個人や企業が情報セキュリティに対する意識を高め、適切な対策を講じることが求められます。

　教育機関においても、情報リテラシーや情報モラルの教育を充実させ、次世代の情報社会を支える人材を育成することが重要です。

　このように、個人情報の保護と情報セキュリティは、情報社会において極めて重要なテーマであり、私たちの生活やビジネスに深く関わっています。

　情報Iの学習を通じて、これらの知識とスキルを身につけ、情報社会を安全かつ効率的に生き抜く力を養いましょう。

🌱 情報セキュリティ

情報セキュリティとは、情報の機密性、完全性、可用性を確保するための技術や手段のことです。情報セキュリティは、企業や組織だけでなく、個人にとっても重要な課題であり、その必要性は日々増しています。

情報が適切に保護されなければ、プライバシーの侵害や経済的な損失など深刻な問題が発生する可能性があります。

🌱 情報セキュリティの 3 つの基本要素

情報セキュリティの基本原則として、CIA（Confidentiality, Integrity, Availability）と呼ばれる3つの要素が特に重要視されています。機密性を表すConfidentiality、完全性を表すIntegrity、可用性を表すAvailabilityの頭文字をとってCIAと言われます。

これらの要素は、情報の安全性を維持するための基本的な柱となり、それぞれが異なる側面から情報を保護します。

機密性

情報が不正にアクセスされないようにすること。機密性を確保するためには、パスワード管理、暗号化、アクセス制御などの技術が使用されます。たとえば、共通鍵暗号方式やシーザー暗号を利用することで、平文（人間が読める形式の情報）を暗号化し、第三者が解読できないようにします。

完全性

情報が改ざんされないようにすること。完全性を保つためには、デジタル署名やハッシュ関数（データの内容を固定長の値に変換する関数）が用いられます。パリティビットを用いることで、データの伝送エラーを検出する方法もあります。

可用性

必要なときに情報にアクセスできるようにすること。可用性を維持するためには、バックアップや冗長化などの対策が必要です。これにより、システム障害やサイバー攻撃が発生した場合でも、迅速にデータを復元できます。

🌳 情報セキュリティの具体的な対策

情報セキュリティを強化するためには、さまざまな技術や方法を組み合わせて利用する必要があります。図3に具体的な対策を紹介します。

🌳 サイバー犯罪とホワイトハッカー：情報社会を守るための攻防

サイバー犯罪は、現代の情報社会において、情報セキュリティに対する最大の脅威の一つです。サイバー犯罪には、不正アクセス、フィッシング詐欺、マルウェア攻撃、データ漏洩などが含まれます。

これらの攻撃によって個人や企業、組織の重要なデータが危険にさらされます。たとえば、企業が保有する顧客情報や知的財産が不正に取得されると、経済的な損失だけでなく、顧客からの信頼を失うことにもつながります。

DDoS（ディードス）攻撃は、特定のサーバやウェブサイトに膨大なアクセスを集中させて、その機能を停止させる攻撃方法です。

たとえば、人気チケットの販売サイトに一度に多くのアクセスが集中すると、サーバが処理しきれなくなり、サイトが重くなったり、つながりにくくなったりしますね。

DDoS攻撃は、これを故意に引き起こすことで、サービスを一時的に停止させたり利用を妨げたりするものです。

図3 情報セキュリテイの具体的な対策

・暗号化と復号

暗号化とは、平文を暗号文に変換するプロセスであり、復号はその逆のプロセスです。

・ファイアウォール

外部からの不正アクセスを防ぐための防御システムです。ネットワークの境界に設置され、許可された通信のみを通過させます。

・アンチウイルスソフトウェア

マルウェアやウイルスからシステムを保護するためのソフトウェアです。定期的なスキャンとウイルス定義の更新が重要です。

・デジタル署名

文書やデータが改ざんされていないことを確認するための技術です。署名者の公開鍵を使って検証します。

・アクセス制御

特定の情報にアクセスできるユーザーを制限する方法です。これにはユーザーIDとパスワードの組み合わせや、生体認証（例：指紋認証、顔認証）が含まれます。

仕組みの鍵となるのが「ボット」です。ボットとは、ネット上で特定の操作を自動で行うプログラムで、通常は効率化のために使われます。ボットは遠隔操作されることがあります。攻撃者は「コマンド＆コントロール（C&C）」と呼ばれるサーバを通じて、感染させたデバイス（ボット）に指令を送ります。「DDoS攻撃」は「Distributed Denial of Service Attack」の略で、「分散型サービス拒否攻撃」と訳されます。

Distributed（分散型）
攻撃が一つの場所からではなく、複数の場所から行われることを意味します。感染した多くのデバイス（ボットネット）を使い、同時に攻撃を仕掛けます。

Denial of Service（サービス拒否）
ターゲットのサーバやサービスを過剰なアクセスで圧迫し、正常に機能しなくなる状態にさせることです。

　DDoS攻撃では「ボットネット」という悪意あるネットワークが作られます。このボットネットに感染したコンピュータやスマートデバイスは、指示を受けると、攻撃対象のサーバに一斉にアクセスを送りつけるように動き出します。多くの場合、感染しているデバイスの所有者には気づかれないまま、裏で操作されています。

流れは次のようになります

> 1. 攻撃者がボットネットを用意します。これは、ウイルスやマルウェアによって世界中の多くのコンピュータやスマートフォンを感染させ、攻撃指示に従う「ボット」に変えたものです。
> 2. 攻撃のターゲットとなるサーバに一斉アクセスを指示します。この瞬間、感染したデバイスが同時に攻撃対象へ大量のリクエストを送ります。
> 3. サーバは急激なリクエストの増加に耐えられず、応答が遅れたり、ダウンしたりしてしまいます。

DDoS攻撃を防ぐには、通常、アクセス制御やボットの検出システムが役立ちます。

ランサムウェアやDDoS攻撃などの大規模なサイバー攻撃が発生すると、業務停止やサービス障害を引き起こし、社会全体に影響が及ぶこともあります。

🌳 サイバー犯罪の手法と脅威

・不正アクセス

　サイバー犯罪者が企業や個人のシステムに無断で侵入し、データを盗む行為です。不正アクセスは、パスワードの漏洩やセキュリティホールの悪用などを通じて行われ、侵入されたシステムから機密情報や顧客データが盗まれることがあります。

・フィッシング詐欺

　電子メールやSNSのメッセージを通じて偽のウェブサイトに誘導し、ユーザーのアカウント情報やクレジットカード情報を盗む手口です。フィッシング詐欺は、見た目が本物そっくりのメールやサイトを使うため、特に注意が必要です。

・マルウェア攻撃

　ウイルスやスパイウェアといった悪意のあるソフトウェア（マルウェア）を使って、データを破壊したり、情報を盗み出す行為です。特に、ランサムウェアは感染するとシステム内のファイルを暗号化し、身代金（ランサム）を要求することで知られています。

　近年では、大手企業KADOKAWAもランサムウェアの被害を受け、システムの復旧や情報漏洩の防止に苦慮した事例があります。

🌱 ホワイトハッカー

　一方で、情報セキュリティを守るスペシャリストもいます。サイバー犯罪と戦うために活躍するのが「ホワイトハッカー」です。

　ホワイトハッカーは、システムの脆弱性を見つけ、改善する専門家であり、合法的な手段でセキュリティテストを行って企業や組織の防御力を高める役割を担っています。彼らはサイバー犯罪者の手口を熟知し、それを防ぐための手法を使ってセキュリティ対策を施します。

　ホワイトハッカーが行う代表的な手法の一つが、ペネトレーションテスト（ペンテスト）です。ペンテストでは、システムに潜在する脆弱性やセキュリティホールを発見するために、あえてシステムを攻撃するシミュレーションを行います。このテストの結果に基づき、企業はセキュリティホールの修正や対策を講じることができるため、実際のサイバー攻撃が発生した際に被害を最小限に抑えることができます。

　また、ホワイトハッカーは侵入テストやセキュリティ監査も行い、システムが最新のセキュリティ対策を満たしているかを定期的に確認します。

　たとえば、外部からの不正アクセスを防ぐためにファイアウォールの設定を見直し、内部の情報漏洩を防ぐためにアクセス権限を最適化するなど、システム全体の安全性を高めることに貢献しています。

図4　サイバー犯罪とホワイトハッカー

- **サイバー犯罪**

    情報セキュリティに対する最大の脅威の一つで、不正アクセス、フィッシング詐欺、マルウェア攻撃、データ漏洩などがある。

- **ホワイトハッカー**

    システムの脆弱性を発見し、改善するための専門家で、合法的な手段でセキュリティテストを行い、企業や組織の防御を強化する。

🌱 情報社会の防御力強化のために

サイバー犯罪の手口が日々進化する中で、ホワイトハッカーの活動はますます重要なものとなっています。企業や組織が情報セキュリティを維持するためには、定期的なペネトレーションテストやセキュリティ監査が不可欠です。

また、情報セキュリティの強化には、個人レベルでの意識も重要です。企業だけでなく、個人がセキュリティソフトの導入や強力なパスワードの使用、フィッシング詐欺に対する警戒など、基本的な対策を行うことが求められます。

大企業もランサムウェアやDDoS攻撃のリスクにさらされており、サイバーセキュリティ対策を強化しています。企業がサイバー攻撃に対抗するためには、ホワイトハッカーのサポートを活用して、システムの防御力を高め続けることが必要です。

ホワイトハッカーとサイバー犯罪者の攻防は、情報社会の裏側で展開されている現代の「守る者」と「攻める者」の戦いともいえます。

🌱 追跡の困難さと対策の課題

DDoS攻撃に使われるボットネットは国際的に広がっていることが多いため、犯罪者が特定の国から操作していたとしても、攻撃の流れには複数の国が関わることが一般的です。

このため、警察が攻撃の起点を特定し、犯罪者の身元を確認するには、各国の法執行機関との協力が不可欠となります。
　しかし、国ごとに情報提供や捜査の手続きが異なるため、迅速な連携が難しく、犯罪者が捕まりにくくなっています。
　さらに、日本でもサイバー犯罪を専門とする捜査部門が強化されているものの、サイバー攻撃の手口は急速に進化しています。警察は、新しい犯罪手法に即応するための専門知識と人材が不足するケースもあり、特に国際的なサイバー犯罪対策には大きな課題が残っています。

🌳 セキュリティポリシーと教育

　情報セキュリティを強化するためには、技術的な対策だけでなく、適切なセキュリティポリシーの策定と従業員教育も重要です。

　セキュリティポリシーは、組織内での情報の取り扱いに関するルールや手順を定めたものです。これには、パスワード管理、データ暗号化、アクセス権の設定などが含まれます。

　また、従業員教育を通じて、情報セキュリティに対する意識を高めることが必要です。フィッシング詐欺やソーシャルエンジニアリング（人間の心理的な弱点を利用した攻撃）への対策を学び、日常的にセキュリティ意識を持つことが求められます。

🌱 未来の情報セキュリティ

　技術の進展に伴い、情報セキュリティの重要性はますます高まっています。AIやIoTの普及により、新たなセキュリティリスクが生まれています。

　たとえば、スマートデバイスのセキュリティの脆弱性を突いた攻撃や、AIを用いた高度なサイバー攻撃が考えられます。

　これに対応するために、情報セキュリティの分野でもAIや機械学習を活用した新しい防御技術の開発が進められています。また、国際的なセキュリティ標準の策定や、各国の連携によるサイバー犯罪対策の強化も重要です。

第 **2** 章

情報デザイン

01 情報デザインとは？

情報デザインとは、情報を視覚的に整理し、わかりやすく伝えるための手法や技術のことです。情報の視覚化を通じて、複雑なデータや概念をより理解しやすくすることを目指します。

情報デザインは、グラフィックデザイン、インフォグラフィック、ユーザーインターフェースデザインなど、さまざまな分野と密接に関連しています。

図5 情報デザインとは

情報デザインとは？
情報を視覚的に整理し、わかりやすく伝えるための手法や技術のこと。

グラフィックデザイン

インフォグラフィック

ユーザーインターフェースデザイン

🌱 情報デザインの基本原則

　情報デザインには、いくつかの基本原則があります。これらの原則に従うことで、情報を効果的に伝えることができます。

明確さ

情報は明確かつ簡潔に表現されるべきです。重要な情報を強調し、不必要な要素は排除することで、受け手にとって理解しやすくなります。

一貫性

デザインの一貫性は、情報の理解を助けます。フォント、色、アイコンなどのデザイン要素を統一することで、視覚的な混乱を避けることができます。

対比

対比を利用して重要な情報を強調します。色のコントラストやサイズの違いを用いることで、受け手の注意を特定の要素に向けることができます。

配置

情報の配置も重要です。適切なレイアウトは、情報の流れを自然にし、読み手が情報を追いやすくします。

情報の階層構造を明確にし、重要な情報を目立つ位置に配置します。

情報デザインの具体的な技術と手法

　情報デザインには、さまざまな技術と手法があります。以下にいくつかの具体例を挙げます。

インフォグラフィック

インフォグラフィックは、情報を視覚的に表現するための手法です。データや統計情報を図やグラフ、アイコンを用いて視覚化することで、複雑な情報を直感的に理解できるようにします。たとえば、円グラフ、棒グラフ、ヒストグラムなどが使用されます。

ユーザーインターフェースデザイン（UIデザイン）

UIデザインは、ソフトウェアやウェブサイトのユーザーインターフェースを設計するプロセスです。使いやすさや見やすさを重視し、ユーザーが直感的に操作できるデザインを目指します。UIデザインには、ボタンの配置、ナビゲーションの設計、レスポンシブデザインなどが含まれます。

ユーザーエクスペリエンスデザイン（UXデザイン）

UXデザインは、ユーザーが製品やサービスを使用する際の全体的な体験を設計することを目的としています。情報デザインの観点からは、ユーザーが必要な情報に迅速にアクセスできるようにすることが重要です。ユーザビリティテストやペルソナ手法を用いて、ユーザーのニーズに合ったデザインを行います。

データビジュアライゼーション

データビジュアライゼーションは、データを視覚的に表現する技術です。大量のデータを視覚的に整理することで、データのパターンや傾向を把握しやすくします。たとえば、散布図、折れ線グラフ、バブルチャートなどが用いられます。データビジュアライゼーションツールとしては、TableauやD３.jsなどがあります。

図6 情報デザインと技術の手法

- **インフォグラフィック**

  情報を視覚的に表現するための手法。

- **ユーザーインターフェースデザイン（UIデザイン）**

  ソフトウェアやウェブサイトのユーザーインターフェースを設計するプロセス。

- **ユーザーエクスペリエンスデザイン（UXデザイン）**

  ユーザーが製品やサービスを使用する際の全体的な体験を設計することを目的としたもの。

- **データビジュアライゼーション**

  データを視覚的に表現する技術。

情報デザインの重要性

　情報デザインの重要性は、多くの分野で認識されています。効果的な情報デザインは、情報の理解を深め、意思決定を支援します。また、情報を視覚的に魅力的にすることで、受け手の興味を引き、情報の伝達力を高めます。

教育分野

教育分野では、情報デザインを活用して教材を作成することが重要です。わかりやすい教材は、学習者の理解を促進し、学習効果を高めます。たとえば、デジタル教材やオンラインコースでは、視覚的な要素を取り入れたインタラクティブなコンテンツが効果的です。

ビジネス分野

ビジネス分野では、情報デザインを活用してプレゼンテーションや報告書を作成することが求められます。視覚的に整った資料は、関係者に対する説得力を高め、意思決定を支援します。たとえば、ビジネスレポートや市場分析レポートには、データビジュアライゼーションを取り入れたグラフやチャートが効果的です。

> **公共分野**
>
> 公共分野でも、情報デザインの重要性は高まっています。政府や自治体は、住民に対してわかりやすい情報を提供することが求められます。たとえば、パンデミック時の健康ガイドラインや災害時の避難情報などは、視覚的にわかりやすい形式で提供されるべきです。

未来の情報デザイン

技術の進展に伴い、情報デザインの分野も進化し続けています。たとえば、拡張現実（AR）や仮想現実（VR）を活用した情報デザインは、新しい形での情報提供を可能にします。

また、AIを用いたデザインの自動生成やデータ分析に基づくデザイン最適化も進行中です。

五感に対してユニバーサルなデザイン

聴覚的な情報伝達には、言語の違いを乗り越えるために多言語音声ガイドや音声合成技術が利用されます。

さらに、手話や字幕を通じて、聴覚障害を持つ人々にも情報が届くよう工夫されています。音声による情報提供は、目が不自由な人々にも有効であり、テキストの読み上げやオーディオブックなどの形式で提供されます。

触覚的な情報伝達の一例としては、点字があります。点字は視覚に障害がある人々にとって、情報を読み取るための重要な手段です。さらに、触覚ディスプレイや触覚フィードバックを用いたデバイスも開発されており、これにより情報の感知や理解がより豊かになります。

　テクノロジーの進化は、情報の伝達方法に革新をもたらしています。たとえば、インターネットは世界中のどこにいてもアクセス可能な情報源を提供し、ソーシャルメディアやオンラインプラットフォームは多言語対応や音声・映像による情報提供を可能にしています。

　また、拡張現実（AR）や仮想現実（VR）などの技術は、情報の伝達をより双方向的に、没入感のあるものに変えるポテンシャルを持っています。

　情報デザインは、情報社会においてますます重要な役割を果たすことが期待されます。これからの情報デザインは、より高度な技術を取り入れながら、情報の伝達と理解をさらに促進していくでしょう。

02 ユニバーサルデザインとは？

ユニバーサルデザインとは、年齢、性別、能力、障がいの有無に関係なく、すべての人々が利用できる製品、環境、サービスを設計する考え方です。このデザインの目的は、特定のユーザーに限定せず、可能な限り多くの人々にとって使いやすいものを提供することです。ユニバーサルデザインの概念は、建築、製品デザイン、情報デザイン、教育など、さまざまな分野で応用されています。

図7 ユニバーサルデザインとは

ユニバーサルデザインとは？

年齢、性別、能力、障がいの有無に関係なく、すべての人々が利用できる製品、環境、サービスを設計する考え方。

ユニバーサルデザインの 7 原則

ユニバーサルデザインには以下の7つの原則があります。具体例を交えて説明します。

まず、「公平な利用」について、学校などにある自動ドアを思い浮かべてみてください。このドアは、車椅子の利用者や荷物を持った人、さらには怪我をした人など、どんな状況でも公平に利用できるように設計されています。

ボタン一つで自動的に開閉するため、特別な力も必要ありません。これが「公平な利用」の実例です。

次に、「使いやすさ」は、誰でも直感的に操作できることが大切です。たとえば、スマホのカメラアプリにはシャッターボタンが中央に大きく配置されています。これによって、特別な操作を覚えなくても簡単に写真が撮れるようになっています。このシンプルさが使いやすさの例です。

「情報の理解しやすさ」については、駅の案内板を思い浮かべてみましょう。特に大きな駅では、ホームの番号や行き先がわかりやすいマークや色分けで表示されています。これにより、迷うことなく自分の目的地までの経路を理解しやすくなっています。外国からの観光客にも理解できるように、視覚的なアイコンが使われていることがポイントです。

次に、「危機につながりにくい」です。たとえば、車のエンジンを切らずに鍵を抜こうとしたとき、アラーム音が鳴る仕組みがあります。これにより、エンジンの切り忘れによる事故を防ぐことができます。誤って操作しても大きな危険につながらないように設計されているわけです。

「少ない力で使える」については、スーパーの自動扉が良い例です。手で押したり引いたりせず、センサーで自動的に開くため、荷物を持っていてもスムーズに出入りできます。少ない労力で済むので、すべての人にとって使いやすくなっています。

「アクセス可能なサイズと空間」については、学校のトイレを例に考えましょう。たとえば、トイレのドアが広く、手すりが設置されていることで、車椅子を利用している人でも入りやすくなっています。サイズや空間が適切に設けられていることで、さまざまな人が問題なく利用できます。

　最後に、「柔軟な使い方」です。たとえば、学校の椅子と机の高さが調節できるものだと、それぞれの生徒の体型に合わせて快適に座ることができます。このように、一つの道具や設備が異なる状況や人の好みに柔軟に対応できることが、柔軟な使い方の例です。

1.公平な利用
異なる能力の人々が公平に利用できること。

2.使いやすさ
使用の簡単さと直感性を持つこと。

3.情報の理解しやすさ
必要な情報が容易に理解できること。

4.危機につながりにくい
誤操作や誤解による危険や不便が最小限に抑えられること。

5.少ない力で使える
少ない努力で効率的に使用できること。

6.アクセス可能なサイズと空間
適切なサイズと空間を提供し、すべての人が利用できること。

7.柔軟な使い方
多様な個人の好みや能力に対応できること。

🌳 ユニバーサルデザインの事例

　ユニバーサルデザインとは、年齢や障がいの有無にかかわらず、誰もが利用しやすい製品や環境を設計するためのアプローチを指します。ユニバーサルデザインの概念は、すべての人々が平等にアクセスし、利用できるようにすることを目指しており、その応用範囲は建築物や公共施設、製品、情報伝達手段など多岐にわたります。

　図8にユニバーサルデザインの例を示します。

🌳 カラーユニバーサルデザインとバリアフリー

　ユニバーサルデザインと関連する概念として、カラーユニバーサルデザインとバリアフリーがあります。これらの概念は、それぞれ異なるユーザーのニーズに応じた設計を目指しています。

〈カラーユニバーサルデザイン〉

　カラーユニバーサルデザインは、色覚の多様性に対応するデザインです。色覚障がいを持つ人々も含めて、誰もが色の違いを識別しやすいように配慮されています。

図8 ユニバーサルデザインの例

1 公共交通機関

車椅子やベビーカーを利用する人々にとっても乗り降りが容易な設計 など

2 公共施設

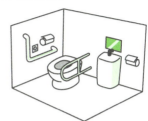

車椅子利用者にも対応した広いスペースと手すりを備えたトイレ など

3 住宅

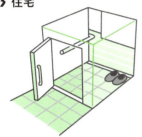

車椅子や高齢者がつまずかないようにするための段差のない玄関 など

4 製品デザイン

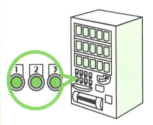

低位置補助ボタンや手すり付きテーブル、ユーザーフレンドリーな取り出し口 など

5 デジタルデザイン

聴覚障がい者でも情報を理解できるようにするための配慮 など

色の組み合わせ

色覚障がい者に配慮して、コントラストの高い色の組み合わせを使用。

パターンとテクスチャ

色だけでなく、パターンやテクスチャを追加することで、視覚的な情報を補強。

〈バリアフリー〉

バリアフリーは、主に物理的な障壁を取り除くことを目指す設計です。高齢者や障がい者が安全かつ快適に利用できる環境を提供することが目的です。

スロープの設置

階段に代わるスロープを設置することで、車椅子やベビーカーの利用者が移動しやすくなります。

手すりの設置

トイレや廊下に手すりを設置し、移動のサポートを提供。

🌱 ユニバーサルデザインと情報デザイン

　情報デザインの分野でも、ユニバーサルデザインの概念は重要です。情報をすべての人が理解しやすいようにデザインすることが求められます。

ウェブアクセシビリティ
視覚障がい者のためにスクリーンリーダー（画面に表示された内容を視覚以外の方法で伝えるソフトウェア）対応のウェブサイトを制作する。

多言語対応
国際的な利用者のために多言語対応の情報提供。

読み上げ機能
視覚障がい者や読み書きに困難を抱える人々のために、読み上げ機能を追加する。

03 現代社会における デジタル化の重要性

　情報伝達は、人類の歴史において常に重要な役割を果たしてきました。現代の情報社会ではコンピュータを用いたデジタルデータの取り扱いがますます重要になっています。その理由を丁寧に説明します。

デジタル化の重要性

　現代社会において、情報伝達の手段は大きく変わりました。コンピュータやインターネットの発展により、情報のデジタル化が進み、アナログな方法とは異なる新しい情報管理の方法が求められるようになりました。

情報の迅速な伝達

デジタルデータは、インターネットを通じて瞬時に世界中に伝えることができます。電子メール、SNS、クラウドサービスなどを利用すれば、場所や時間に関係なく、必要な情報を迅速に共有できます。これにより、ビジネスの効率化やグローバルなコミュニケーションが可能になります。

情報の保存と検索の効率化

デジタルデータは、大量の情報をコンパクトに保存でき、必要な情報を迅速に検索することができます。これにより、図書館やアーカイブに物理的なスペースを取ることなく、膨大な情報資源を管理することが可能となります。また、データベース管理システム（DBMS）を利用することで、情報の整理や検索がさらに効率的になります。

情報の加工と分析

デジタルデータは、コンピュータプログラムを用いて容易に加工や分析ができます。たとえば、統計ソフトウェアやデータビジュアライゼーションツールを使用すれば、大量のデータから有用な情報を抽出し、視覚的にわかりやすく表現することが可能です。

これにより、意思決定の質が向上し、ビジネスや研究においてより正確な判断ができます。

セキュリティとプライバシーの保護

デジタルデータは、適切なセキュリティ対策を施すことで、情報の機密性、完全性、可用性を確保することができます。暗号化技術やアクセス制御、デジタル署名などの技術を用いることで、不正アクセスやデータ改ざんから情報を守ることができます。また、個人情報保護法に基づき、個人識別符号や要配慮個人情報を適切に管理することが求められます。

デジタル化による社会の変革

教育のデジタル化

オンライン教育やMOOC（大規模公開オンライン講座）により、世界中の人々が場所や時間にとらわれずに学ぶことができます。デジタル教材や電子書籍は、学習の効率を高め、多様な学習スタイルに対応します。

医療のデジタル化

電子カルテや遠隔医療により、医療情報の管理が効率化され、患者の診療が迅速かつ正確に行えるようになりました。医療データの分析により、新しい治療法や予防策の開発も進んでいます。

ビジネスのデジタル化

eコマースやフィンテック（情報技術を駆使した革新的な金融サービス）の発展により、ビジネスの形態が大きく変わりました。オンライン取引やデジタル決済は、消費者の利便性を高めるとともに、企業の競争力を強化します。

図9　デジタル化による社会の変革

- **教育のデジタル化**
  オンライン教育やMOOCにより、世界中の人々が場所や時間にとらわれずに学べる。

- **医療のデジタル化**
  電子カルテや遠隔医療により、患者の診療が迅速かつ正確に行えるようになった。

- **ビジネスのデジタル化**
  eコマースやフィンテックの発展により、ビジネスの形態が大きく変化。

04 アナログとデジタル

コンピュータは、情報を処理するための装置です。情報の処理には、アナログとデジタルという二つの方式があります。これらの方式は、情報の表現方法や処理方法に大きな違いがあります。

アナログとデジタル

アナログとデジタルという概念について、説明できる人は少ないのではないでしょうか？

アナログデータとは、一言でいうと「連続的なデータ」をいいます。デジタルデータとは、一言でいうと「区切られたデータ」でそれぞれが異なる特性と利点を持っています。

アナログは連続的なデータを扱い、自然界の現象を滑らかに表現するのに対し、デジタルは離散的なデータを用いて情報を符号化し、効率的かつ正確に処理することが可能だ、と認識したうえで、さらに詳しく整理していきましょう。

アナログとデジタルの違いについて、具体的な例を交えながら詳しく説明します。

　アナログは、連続的に変化する量を用いて情報を表現します。たとえば、アナログ時計を見てみると、針が滑らかに動き続けていて、時間が刻一刻と連続的に変わっていくのがわかります。
　また、音声ももともとはアナログ信号です。たとえば、誰かが話している声や音楽の音は、空気の振動を連続的に変化させて伝わります。
　このように、アナログは微細な変化を含むため、自然な音や映像をリアルに再現することが得意です。しかし、アナログ信号はノイズに弱く、伝送する距離が長くなるほど、ノイズの影響を受けて音がゆがんだり映像が乱れたりすることがあります。長期間保存した場合も、劣化しやすいという特徴があります。

　一方で、デジタルは、連続的な変化ではなく、離散的な値、つまり「0」と「1」の組み合わせで情報を表現します。
　たとえば、デジタル時計は「12：30」「12：31」のように、数字がパッと切り替わるのが特徴です。また、スマートフォンやパソコンで再生される音楽や動画もデジタル信号に変換されています。
　この場合、音や映像を細かく区切って「0」と「1」に置き換え、それを組み合わせて表現します。

デジタル信号は、ノイズの影響を受けにくく、どんなに長距離で伝送しても、情報が正確に保たれます。また、デジタルの情報は劣化しにくいため、保存にも向いています。

　アナログのレコード盤は再生するたびに少しずつ音質が劣化しますが、デジタルのCDやMP3は何度再生しても音質は変わりません。
　このように、デジタル信号は正確な情報の伝送と保存が可能で、現代のコンピュータやスマートフォンのような電子機器において非常に重要な技術となっています。

　この違いにより、アナログとデジタルはそれぞれの得意分野があり、どちらも日常生活の中で活用されています。

05 ビットと符号化／ビット数の単位計算

　情報はビット（bit）という最小単位で表現されます。1ビットは0か1の二進数の情報を表します。複数のビットを組み合わせることで、より複雑な情報を表現できます。ビットの組み合わせにより、テキスト、画像、音声、動画などの多様なデータを扱うことが可能です。

　ビット（bit）は、binary digit（二進数の数字）の略です。ビットは一般に小文字の「b」で表されます。たとえば、Kbps（キロビット毎秒）やMbps（メガビット毎秒）などです。

🌳 ビット数と表現の幅

　1bit、2bit、3bitと増えていくごとに、0と1のケタ数が増えていき、表現できる組み合わせが増えていきます。

1ビット

1ビットは、0または1のどちらかの状態しか表現できません。具体例としては、以下のような単純な二つの状態を持つ情報が挙げられます。

- スイッチのオン/オフ：0がオフ、1がオン
- 真偽値：0が偽（False）、1が真（True）

2ビット

2ビットは、2の2乗 = 4通りの組み合わせがあり、以下のような4つの状態を表現できます。

- 信号の状態：00（停止）、01（準備）、10（進行）、11（注意）

8ビット（1バイト）

8ビットは2の8乗=256通りの組み合わせがあり、1バイトとしてアルファベット1文字や数字などの情報を表現できます。

- ASCII文字：英字（a, b, c……）、数字（0, 1, 2……）、記号（!, @, ……）など、合計256文字を表現可能

16ビット（2バイト）

16ビットは、2の16乗 = 65,536通りの組み合わせがあり、より多くの情報を表現できます。たとえば、

Unicode文字セットの一部や色の情報が挙げられます。
- Unicode文字：多くの漢字や仮名、特殊文字などを表現可能
- 色の情報：RGBカラーコードの各成分（R, G, B）が0から255までの256段階で表現されるため、16ビットで色を表現することができます。

シングルバイト文字とダブルバイト文字

- シングルバイト文字：英字、数字、記号などは1バイト（8ビット）で表現されます。たとえば、英字の「A」はASCIIコードで65（01000001）として表現されます。
- ダブルバイト文字：漢字や仮名などは2バイト（16ビット）で表現されます。たとえば、漢字の「漢」はUnicodeで6F22（0110110001001001）として表現されます。

このように、ビット数によって表現できる文字の種類が変わり、ビット数が多いほど多様な文字を表現できるようになります。

ビットは、コンピュータが扱う情報の最小単位であり、「0」と「1」という二つの状態で情報を表現します。1ビットが一つの「0」または「1」に相当し、これを8つ集めたものが1バイト（8ビット）になります。

たとえば、シングルバイト文字では1バイトで表現できる256種類の組み合わせ（2の8乗＝256通り）を利用して英字や数字、記号を表現しています。

一方、ダブルバイト文字では、2バイト（16ビット）を使用することで、2の16乗＝65,536通りの組み合わせが可能になり、より多くの文字を扱えます。このような単位の違いを考慮することで、文字コードや記憶容量の計算がスムーズに理解できます。

ビット数の単位計算

コンピュータやデジタルデバイスが情報を処理する際、ビット（bit）という最小単位が重要な役割を果たします。

ビットは0と1の二つの状態を持つ情報の基本単位であり、これを基にして複雑なデータを表現し、計算や通信を行います。1bitは0と1の2択の1ケタ分のことを意味しますが、ByteやKBやMBという単位もあります。

さらに表現できる具体例を見ていきましょう。

1バイト（Byte）

定義

8ビット。バイトはデータの基本単位であり、1文字の情報を表すのに使われます。

具体例

英字の「A」、数字の「1」、記号の「!」など1文字。

1キロバイト（KB）

定義

1024バイト。

具体例

・テキストファイル：約500文字程度のテキストファイル（1文字＝2バイトで計算）。
・小さな画像：小さなアイコン画像（32x32ピクセルのモノクロ画像）。

1メガバイト（MB）

定義

1024キロバイト。

具体例

・大きな文書ファイル：約500ページのWord文書。
・小さな音声ファイル：約1分のMP3音声ファイル（128kbps）。

1ギガバイト（GB）

定義

1024メガバイト。

具体例

・ビデオファイル：約1時間のSD品質ビデオ（標準画質）。

・大量のデータ：約300曲のMP3音楽（3-4分の曲、128kbps）。

1テラバイト（TB）

定義

1024ギガバイト。

具体例

・大規模なデータベース：大規模な企業のデータベース。

・長時間の高画質ビデオ：約250時間のHDビデオ（高解像度）。

・写真コレクション：約10万枚の高解像度写真（10MB/枚）。

なお、現代の多くのコンピュータで使用されるビットはデジタル情報の最小単位であり、0または1の二つの状態を表すことができますが、最新の新しいコンピュータである量子コンピュータでは、量子ビット（qubit）が使用され、0と1の状態を同時に持つことができます。

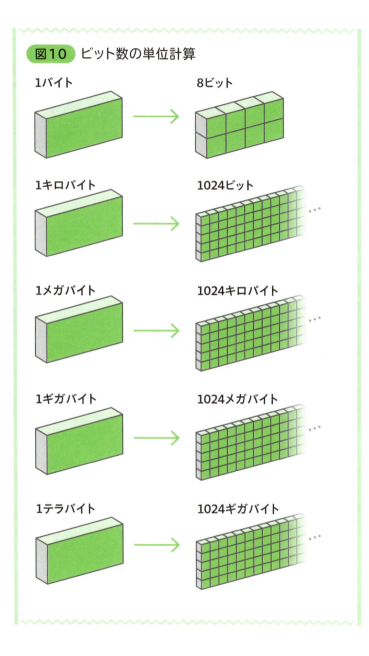

図10 ビット数の単位計算

06 文字のデジタル表現／音のデジタル化

　現代社会では、文字や音声をデジタル情報として扱うことが日常的になっています。文字は文字コードによって、音声はサンプリングと量子化によってデジタル化され、それぞれが効率的に伝達・保存・再生されます。ここでは、文字と音のデジタル化について詳しく説明します。

文字のデジタル表現

　デジタル情報としての文字は、コンピュータがそれを「0」と「1」のビットで扱えるように、さまざまな文字コードによって表現されています。これにより、異なる言語や記号がコンピュータ間で正しく表示され、多言語対応や国際的な文書交換が可能になります。しかし、文字コードの違いによっては「文字化け」という問題が発生することもあります。ここでは、よく使われる文字コードと、文字化けがどのように起こるのかを詳しく見ていきましょう。

ASCIIコード

ASCII（American Standard Code for Information Interchange）は、英語圏で使用される文字を表現するための最も基本的な文字コードです。たとえば、アルファベットの「A」はASCIIコードで「65」に、数字の「0」は「48」に対応しています。これは7ビットで表現されるため、0から127までの範囲で128種類の文字を表現でき、英数字や基本的な記号に十分対応しています。

しかし、英語圏以外の特殊文字や漢字には対応していないため、これだけでは世界中の文字を表現するには不十分です。

Unicode

そこで登場したのが、Unicodeです。Unicodeは、世界中の文字を一つの規格で統一的に扱えるように設計されています。たとえば、漢字の「漢」はUnicodeで「6F22」というコードに対応し、16ビットや32ビットの表現で多言語の文字が扱えるようになっています。これにより、各国の文字が含まれる文書を国際的にやり取りしても文字化けしにくくなり、異なる言語間の情報交換が容易になりました。

Shift JIS

一方、日本語特有の文字コードとしてShift JISがあります。これは、ひらがなや漢字を扱うための文字コードで、1バイトで英数字を、2バイトで漢字や仮名を表現するダブルバイト文字コードの一種です。Shift JISは日本語対応の多くのソフトウェアやシステムで使用されてきましたが、Unicodeとの互換性に制約があるため、Shift JISで保存されたファイルを他の文字コードで開くと、しばしば文字化けが起こります。

🌳 文字化けの例

　文字化けの例を見てみましょう。たとえば、Shift JISで保存した日本語のテキストファイルを、UTF-8（Unicodeのエンコーディング形式の一つ）で開こうとすると、本来表示されるべき「こんにちは」という日本語が、「ãããｫãｊã¯」のように、まったく意味不明な文字列に変わってしまうことがあります。

　これは、Shift JISとUTF-8で1文字を表すバイト数やパターンが異なるために、各バイトの読み取り方がずれてしまうからです。

文字化けは、インターネットの掲示板やSNSでしばしば見られる問題で、特に昔のウェブサイトなどでは文字コードの違いによる文字化けが日常的に発生していました。
　このような文字化けが起きると、内容がまったく理解できなくなるだけでなく、誤解や混乱も生じやすくなります。

音のデジタル化

　音をデジタルデータとして取り扱うには、アナログの音を数値化する必要があります。ここで「サンプリング」と「量子化」という二つのプロセスが重要な役割を果たします。それぞれ具体例を挙げながら詳しく説明します。
　音はもともとアナログ信号で、空気の振動として耳に伝わります。この連続的な音の波を、コンピュータが扱える「0」と「1」のデジタルデータに変換するには、まずサンプリングと量子化を行います。

サンプリング周波数

　サンプリングとは、音の波を一定の間隔で区切り、その時点での音の状態を記録する作業です。このときの1秒間に区切った回数を「サンプリング周波数」と呼びます。たとえば、CDの音質では44.1kHz（1秒間に44,100回）でサンプリングを行います。この高い周波数により、人間が聞き取れる音域（おおよそ20Hzから20kHz）をカバーし、高品質な音を再現できます。

量子化ビット数

　サンプリングで取得した音の状態を次に数値化しますが、このときの数値を「量子化」と呼び、その精度を「量子化ビット数」で表します。たとえば、CDは16ビットの量子化を使用し、これにより65,536段階（2の16乗）の音の強さを表現できます。量子化ビット数が多いほど、音の細かい強弱が忠実に再現されるため、音質が向上します。

MP3と音声圧縮

　音声データをそのまま保存すると容量が大きくなってしまいます。たとえば、CD音質の3分間の曲をそのまま保存すると、数十メガバイトの容量を必要とします。そこで、MP3というフォーマットが登場しました。MP3は「非可逆圧縮」を使用しており、音質に大きな影響を与えない部分を削除することで、ファイルサイズを大幅に削減します。

　MP3は人間の聴覚特性に基づいて圧縮を行います。たとえば、人間には聞こえない高周波数帯の音や、小さな音が大きな音にかき消される「マスキング効果」を利用して、これらの部分を省略するのです。これにより、音質を保ちながらもファイルサイズが数分の一に圧縮されます。このため、MP3はインターネットでの音楽配信や携帯音楽プレイヤーでの利用に適しています。

> **具体例:人間の聴覚とMP3圧縮**
>
> たとえば、CDの音質では、音の細部や周波数が忠実に再現されていますが、MP3では人間が通常は聞き取れない20kHz以上の高周波数帯の音を削除します。さらに、音楽の中で他の音にかき消されるような音も省略されます。これにより、ファイルサイズを1/10ほどに圧縮しても、多くの人にとって違和感のない音質が維持されます。

　音楽配信サービスや携帯音楽プレイヤーが普及したのも、このMP3の圧縮技術があったからこそです。

　このように、音のデジタル化と圧縮技術は、私たちの日常生活に深く浸透しており、音楽を手軽に楽しむための基盤となっています。

07 画像のデジタル化とデータの圧縮

　画像もデジタルデータとして表現されます。画像はピクセルの集合体であり、各ピクセルが色の情報を持っています。デジタル化された画像は、多くの場面で利用されており、その表現や圧縮方法も多様です。

画像のデジタル化

　画像はどのようにデジタルデータになるのでしょうか？一言で説明すると、縦と横に「区切る」ことで、デジタルデータに変換しています。

　具体的な手順は次ページの3ステップです。

図11　画像のデジタル化の3ステップ

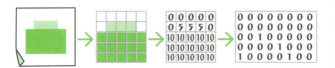

1　標本化（サンプリング）
画像をピクセルごとに区切り、各ピクセルの色や明るさをサンプリングします。

2　量子化
サンプリングされた色や明るさに対応する整数値を割り振ります。

3　符号化
量子化された整数値をコンピュータが理解できる機械語（バイナリコード）に変換します。

この3つのステップを通じて、アナログ画像がデジタルデータとして保存・処理されるようになります。

また、デジタルデータとして表現される画像に関する重要用語も紹介します。

ピクセル

画像の最小単位であり、一つのピクセルが1色を表します。高解像度の画像は、より多くのピクセルを含み、細部まで鮮明に表現することができます。画像の「1粒」のことです。

解像度

1インチあたりのピクセル数（dpi）を指します。高解像度の画像は、より詳細で滑らかな表示が可能です。印刷物では一般的に300dpi以上が使用され、高解像度であるほど、画像の品質が高くなります。

画像は大きく分けて以下の2種類のデータ形式があります。

ビットマップ形式

ピクセルごとに色情報を持つ画像形式です。BMP形式やJPEG形式、PNG形式などが代表的であり、各ピクセルの色が直接的に保存されるため、画像の再現性が高い一方、ファイルサイズが大きくなりがちです。

ベクター形式

数学的な方程式を使って画像を表現する形式です。SVG形式やAI形式、EPS形式などがあり、拡大や縮小をしても画質が劣化しないため、ロゴやイラストなどに適しています。ベクトル形式とも呼びます。画像を向きと大きさで表現したデータです。

🌱 トレードオフとデジタル技術の進化

　デジタル技術を利用する際には、常にトレードオフが存在します。たとえば、高解像度の画像や高品質な音声を保存するとファイルサイズが大きくなる一方、圧縮すると品質が低下します。また、データの安全性を確保するために暗号化を施すと、処理速度が低下することもあります。

🌱 データの圧縮

　データ圧縮は、データ量を減少させるための重要な手段であり、データの保存や転送の効率を大幅に向上させます。圧縮技術には、可逆圧縮と非可逆圧縮の2種類があり、それぞれ異なる用途とメリットを持ちます。

〈可逆圧縮〉

　可逆圧縮（ロスレス圧縮）は、圧縮後に元のデータを完全に復元できる圧縮方法です。この手法は、データの品質を保つ必要がある場面で使用されます。

ZIP
一般的な可逆圧縮形式で、複数のファイルを一つにまとめることができ、圧縮率も高いです。多くのオペレーティングシステムでサポートされています。

PNG

画像データの可逆圧縮形式です。JPEGに比べて圧縮率は低いものの、画質を一切損なわないため、高品質な画像保存に適しています。

ランレングス法（RLE）

データ内の連続する同じ値を一つの値とその連続回数で表現する方法です。たとえば、AAAAAをA5として表現します。これは、特に単純なパターンが多いデータに対して有効です。

〈非可逆圧縮〉

非可逆圧縮（ロッシー圧縮）は、一部の情報を失うことで圧縮率を大幅に高める方法です。この手法は、多少の品質低下を許容できる場面で使用されます。

JPEG

画像データの非可逆圧縮形式です。画質を維持しつつ、ファイルサイズを大幅に削減できるため、インターネット上での画像配信に広く利用されています。JPEGは、圧縮の過程で人間の視覚に影響を与えにくい部分の情報を削減します。

MP3

音声データの非可逆圧縮形式です。高音質を維持しながら、データ量を大幅に減らすことができます。MP3は、音楽配信やポッドキャストに広く利用されています。

ハフマン法

データの出現頻度に基づいて符号長を最適化する圧縮アルゴリズムです。頻繁に現れるデータには短い符号を、まれにしか現れないデータには長い符号を割り当てることで、全体のデータ量を削減します。

08 動画のデジタル表現

　動画は、静止画（フレーム）を連続的に表示することで動きを表現しています。これをデジタル形式で表現するためには、各フレームをデジタルデータに変換し、一定の順序で再生します。動画のデジタル化には、フレームレートや解像度、圧縮といった概念が関わってきます。それぞれ具体的に説明します。

フレームレート（FPS）

　フレームレート（Frames Per Second、FPS）は、1秒間に表示する静止画の数を示します。たとえば、映画では24FPSが一般的に使用され、テレビ放送では30FPS（または29.97FPS）がよく使われます。

　フレームレートが高いほど、動きが滑らかに見えます。たとえば、60FPSの動画は動きが非常に滑らかで、スポーツのような高速な動きの映像に適しています。

解像度

　解像度は、各フレームが持つ画素（ピクセル）の数を示し、動画の鮮明さを決定します。たとえば、1080p（1920x1080ピクセル）はHD、4K（3840x2160ピクセル）は超高精細の解像度とされています。

　解像度が高いほど詳細な映像が表示されますが、その分データ量も増えます。

カラー深度

　動画は色の階調もデジタルデータで表現します。カラー深度（ビット深度）は、各ピクセルの色をどれだけ細かく表現できるかを示します。

　たとえば、24ビットカラーでは約1677万色を表現でき、自然な色彩を再現します。動画編集や映画制作では、さらに色の再現性を向上させるために10ビットや12ビットのカラー深度が使われることもあります。

H.264とH.265

　H.264は、特に動画配信サイトやBlu-rayでよく使われる圧縮形式です。H.265（HEVC）はH.264の改良版で、同じ画質を保ちながら約半分のファイルサイズに圧縮できます。これにより、4Kなどの高解像度動画もインターネットでスムーズに視聴できるようになりました。

🌱 圧縮の仕組み：キーフレームと差分

　動画圧縮の際、すべてのフレームを個別に保存するのではなく、「キーフレーム」と「差分フレーム」に分けてデータ量を削減します。キーフレームは完全な画像として保存されますが、その次のフレームでは変化部分だけを記録し、動きが少ない部分のデータは再利用します。

　たとえば、静止している背景は前のフレームから引き継ぎ、動いている人物や物体の動きだけを新しいフレームとして記録することで、ファイルサイズが小さくなります。

具体例：YouTube動画

たとえば、YouTubeでの動画は一般的に24FPSや30FPSでH.264を使って圧縮され、解像度は720pや1080pが多いです。高解像度でもファイルサイズが軽く、ストリーミングがしやすくなるように工夫されています。

また、H.265が使われることも増えており、4K動画でも圧縮効率を上げて快適に視聴できるようになっています。

🌳 データ圧縮のトレードオフ

データ圧縮には、常にトレードオフが存在します。たとえば、非可逆圧縮ではデータ量を大幅に削減できる一方で、元のデータの一部が失われ、品質が低下します。

一方、可逆圧縮では品質を保つことができるものの、圧縮率は非可逆圧縮ほど高くありません。このようなトレードオフを理解し、状況に応じて最適な圧縮方法を選択することが重要です。

🌳 データ圧縮の重要性

データ圧縮は、情報デザインにおいて不可欠な技術です。効率的なデータ圧縮により、ストレージの節約や通信速度の向上が可能となります。

たとえば、動画のストリーミングサービスでは、非可逆圧縮技術を用いて高画質な映像を低帯域幅で提供しています。また、データの圧縮技術は、エネルギー消費の削減にも寄与し、持続可能なIT環境の構築にも役立ちます。

情報デザインでは、これらのデータの表現方法や処理方法、効率的な管理手法について深く理解することが求められます。データ圧縮技術の理解は、データの効率的な管理や通信において重要です。

これにより、情報社会でのデータの取り扱いがより効果的になり、情報の価値を最大限に引き出すことができます。

第 3 章

コンピュータと
プログラミング

01 コンピュータの処理や演算の仕組み

　コンピュータは、プログラムに従って情報を処理する精密な装置です。プログラムが指示するタスクを効率的に実行するために、コンピュータは「五大装置」と呼ばれる主要なハードウェアコンポーネントを組み合わせて構成されています。
　これらの装置はそれぞれ異なる役割を持ち、協働して情報処理を行います。

コンピュータの主要装置

　コンピュータとは何でしょうか？
　その名の通り、コンピュータは「計算機（電子計算機）」として生まれました。初期のコンピュータは、複雑な計算や暗号の作成など、主に計算処理に用いられていました。

しかし、コンピュータは驚異的な速度で膨大なデータを処理する能力を持ち、人間の手では到底追いつけない作業を瞬時にこなすことができます。そのため、計算以外の幅広い用途にも活用されるようになり、現代社会においては不可欠な道具となりました。

　私たち人間は、「プログラム」と呼ばれる命令の集合を使って、コンピュータに特定の作業を行わせることで、便利な生活を送っています。たとえば、冷蔵庫や炊飯器、エアコンといった家電製品には、小さなコンピュータが内蔵されており、それぞれのデバイスが持つ特定の機能をプログラムによって制御しています。

　適切なプログラムを入力することで、これらの機器は自動的に動作し、私たちの日常生活を支えているのです。

　この節では、コンピュータの基本的な構成要素について学んでいきます。

CPU（中央処理装置）

コンピュータの「脳」とも呼ばれるCPUは、プログラムの命令を解釈し実行します。CPUはさらに制御装置（CU）と演算装置（ALU）に分かれています。制御装置は命令を解釈し、適切な操作を指示します。演算装置は算術演算（加算、減算、乗算、除算）や論理演算（AND、OR、NOT）を行います。

CPUにはレジスタと呼ばれる高速な記憶領域があり、データの一時的な保存や処理に使用されます。CPUの性能はクロック周波数やコア数に依存し、これらが高いほど多くの命令を短時間で処理できます。

メモリ（主記憶装置）

メモリは、プログラムやデータを一時的に保存する装置です。主記憶装置（メインメモリ）は、CPUが直接アクセスするため、高速なデータアクセスが可能です。メモリにはDRAM（ダイナミックRAM）とSRAM（スタティックRAM）があります。DRAMはコストが低く大容量ですが、定期的にリフレッシュが必要です。SRAMは高速で消費電力が少ないですが、コストが高いため、キャッシュメモリとして使用されます。

ストレージ（補助記憶装置）

データを長期的に保存する装置で、ハードディスクドライブ（HDD）やソリッドステートドライブ（SSD）があります。HDDは磁気ディスクを使用し、大容量のデータ保存が可能ですが、アクセス速度が遅いです。SSDはフラッシュメモリを使用し、高速な読み書きが特徴ですが、コストが高いです。ストレージは、データベースやファイルシステムのデータを保持し、メモリに比べて永続的な保存が可能です。

入力装置

ユーザーからのデータや指示をコンピュータに入力する装置です。キーボードやマウス、タッチスクリーン、センサーなどが含まれます。これらの装置を通じて、ユーザーはコンピュータに対して命令を与えたり、データを入力したりします。入力装置は、インターフェースを介してコンピュータに接続され、データはデジタル形式に変換されて処理されます。

出力装置

コンピュータの処理結果を人間が認識できる形で出力する装置です。ディスプレイ、プリンタ、スピーカーなどが含まれます。ディスプレイは処理結果を表示し、プリンタは物理的な紙に情報を印刷します。スピーカーは、音声データを再生します。出力装置は、データの視覚的および聴覚的な表現を提供し、ユーザーが結果を確認できるようにします。

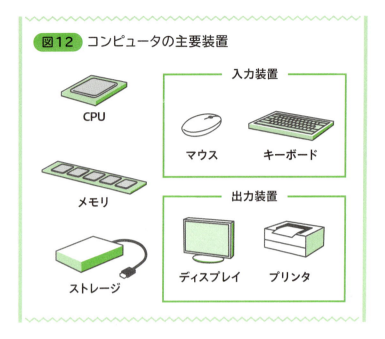

図12 コンピュータの主要装置

コンピュータ内部のデータ処理

コンピュータ内部では、データはバスを通じて各装置間で転送されます。バスは、データバス、アドレスバス、制御バスの3種類があり、それぞれデータの転送、メモリアドレスの指定、制御信号の伝達を担当します。

レジスタ

レジスタは、CPU内の非常に高速な記憶装置で、処理中のデータやアドレスを一時的に保存します。主要な

レジスタには、汎用レジスタ、アドレスレジスタ、命令レジスタ、プログラムカウンタなどがあります。レジスタは、命令の実行効率を高めるために重要です。

クロック信号

コンピュータ内部のすべての動作はクロック信号によって同期されます。クロック信号は、一定の周波数でON/OFFのパルスを生成し、これに従ってCPUやメモリなどのハードウェアが動作します。クロック周波数が高いほど、コンピュータは高速に動作しますが、消費電力と発熱も増加します。

キャッシュメモリ

キャッシュメモリは、CPUとメインメモリの間に位置する高速メモリです。頻繁に使用されるデータを一時的に保存することで、データアクセスの速度を向上させます。キャッシュメモリには、L1、L2、L3のレベルがあり、L1が最も高速で小容量、L3が大容量でやや低速です。

コンピュータの演算の仕組み

演算装置（ALU）は、算術演算や論理演算を行います。これにより、プログラムの指示に従って計算を実行します。

ALUは、加算器、乗算器、シフタ、論理ゲートなどの回路で構成されており、これらが組み合わさって複雑な演算を実行します。

浮動小数点演算装置（FPU）

FPUは、浮動小数点数の演算を専門に処理する装置です。科学技術計算やグラフィックス処理など、高度な計算を必要とするアプリケーションで使用されます。FPUは、CPUの一部として組み込まれていることが多いです。

レジスタの役割

レジスタは、データの一時的な保存と高速なアクセスを提供することで、演算効率を向上させます。たとえば、演算結果を保持するためのアキュムレータや、命令のアドレスを保持するプログラムカウンタがあります。

これらの要素が組み合わさり、コンピュータは複雑な情報処理を高速に行います。

ハードウェアとソフトウェアの連携が、コンピュータの性能を最大限に引き出すために重要であり、最適化された設計と効率的なプログラミングが求められます。

02 アルゴリズムとプログラミング

　アルゴリズムは、問題を解決するための手順や方法のことです。効率的なアルゴリズムの設計は、計算量や実行時間の観点から非常に重要です。
　プログラミングは、そのアルゴリズムをコンピュータが理解できる形で記述する行為であり、適切なプログラミング言語の選択も、ソフトウェアの性能と信頼性に大きな影響を与えます。

以下に、手順を減らす具体例を紹介します。

　この例では、効率的な切り方のアルゴリズムを設計することで、無駄な動きを減らし、作業効率を向上させています。

図13 効率的な方法について

例：ニンジンを星形に切る

【効率の悪い方法】

ステップ1 均等な厚さにスライスする → **ステップ2** 星形に切る

最初にニンジンを均等な厚さにスライスします。

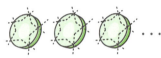

スライスしたニンジンを1枚ずつ星形に切り出します。この方法では切る回数が増えます。

【効率の良い方法】

ステップ1 初期準備 → **ステップ2** 基準点のマーキング

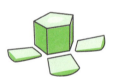

まず、ニンジンを正五角形にスライスします。このスライスを基に、星型を切り出します。

ニンジンに星形の基準点となる位置をマーキングします。ここでは、正五角形の頂点を基にマーキングします。

ステップ3 直線のカット ←

マーキングした基準点を結ぶ直線に沿って切り取ります。この方法により、複数の星形を一度に切り出すことができ、切る回数を減らすことができます。

🌱 アルゴリズムの評価指標

アルゴリズムの効率を評価するための指標として、以下のものがあります。詳細は後述します。

時間計算量

アルゴリズムが実行されるのに必要な時間。ビッグオー記法（O記法）を用いて表されます。たとえば、線形探索アルゴリズムは$O(n)$の時間計算量を持ち、二分探索アルゴリズムは$O(\log n)$の時間計算量を持ちます。

空間計算量

アルゴリズムが使用するメモリ量。これは、プログラムが実行中にどれだけのメモリを消費するかを示します。効率的なアルゴリズム設計では、時間計算量と空間計算量のトレードオフを考慮することが重要です。

🌱 プログラミング言語の選択

アルゴリズムを実装する際のプログラミング言語の選択も重要です。各プログラミング言語には特定の特徴や用途があり、アルゴリズムの効率的な実装に影響を与えます。

図14 プログラミング言語について

Python	簡潔で読みやすいコードが書けるため、教育やプロトタイピングに適していますが、実行速度はやや遅いです。
C++	高速な実行性能と強力なメモリ管理機能を持ち、システムプログラミングやゲーム開発に適しています。
JavaScript	ウェブ開発に特化した言語であり、クライアントサイドおよびサーバサイドの両方で使用されます。

データ構造の選択

アルゴリズムの効率を最大限に引き出すためには、適切なデータ構造を選択することも重要です。たとえば、以下のデータ構造があります。

配列

固定長のデータを効率的に管理でき、インデックスを用いた高速アクセスが可能です。

リンクリスト

動的にサイズを変更できるデータ構造であり、挿入や削除が高速です。

> **ハッシュテーブル**

データの迅速な検索を可能にするデータ構造であり、キーと値のペアでデータを管理します。

> **二分探索木**

動的なデータの管理と効率的な検索を可能にするデータ構造であり、バランスが保たれている場合はO（log n）の時間計算量で操作が可能です。

アルゴリズムの設計プロセス

効率的なアルゴリズムを設計するためには、次ページのようなプロセスを踏むことが重要です。

具体的なアルゴリズムの例

アルゴリズムとは、特定の問題を解決するための手順やルールのことです。同じ問題を解決しようとしていても、手順を変えることで、問題解決までの時間を飛躍的に短縮させることができる場合があります。

コンピュータに処理を命令する際は、アルゴリズムの設計によって処理速度や効率が大きく変わるため、情報処理において非常に重要な概念なのです。

図15 アルゴリズムの設計プロセス

1 問題の理解

まず、解決すべき問題を明確に理解します。問題の条件や制約を把握し、ゴールを設定します。

2 初期設計

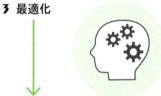

問題解決のための基本的なアルゴリズムを設計します。この段階では、アルゴリズムの大まかなフローを決定します。

3 最適化

初期設計のアルゴリズムを評価し、改善点を見つけて最適化します。これには、計算量の削減やメモリ使用量の削減が含まれます。

4 実装

最適化されたアルゴリズムをプログラミング言語で実装します。コードの効率性と可読性を重視しながら、バグのないプログラムを作成します。

5 テストと検証

実装したアルゴリズムが正しく動作するかどうかをテストします。さまざまな入力データを用いて、アルゴリズムの正確性と効率性を検証します。

たとえば、線形探索はリストや配列の先頭から順番に要素を調べていき、目的の要素が見つかるまで探索を続けるシンプルなアルゴリズムです。簡単ですが、データが多い場合には効率が悪くなります。

一方、二分探索は、ソートされた配列に対して適用される効率的なアルゴリズムです。配列の中央の要素と目標値を比較し、目標値が中央より大きい場合は右側、小さい場合は左側の部分に絞って再び二分して探索を進めます。

これにより、探索の効率が大幅に向上し、大規模なデータセットでも高速に処理が可能です。

線形検索と二分検索の詳細は144ページで説明します。

線形探索アルゴリズム

リスト内の要素を順番に調べるシンプルな探索方法。最悪の場合の時間計算量はO(n)です。

二分探索アルゴリズム

ソートされたリストを半分に分割しながら目的の要素を探す方法。最悪の場合の時間計算量はO(log n)です。

アルゴリズムの設計の関連語句

アルゴリズムの設計において、重要な関連語句として「フ

ローチャート」と「擬似コード」があります。これらは、アルゴリズムの処理手順や概念を明確にし、設計段階での理解や修正を助ける役割を果たしています。

フローチャートとは、処理手順を視覚的に表現する図で、アルゴリズムの流れを理解しやすくするために用いられます。各ステップが図形として表され、ステップ間が矢印で結ばれているため、アルゴリズムの進行が直感的に把握しやすくなります。

たとえば、条件分岐のステップは菱形で示し、処理の開始や終了は楕円形で示すなど、標準的な図形で各要素を表すことで、アルゴリズムの構造を視覚的に理解することができます。

次に、擬似コードとは、アルゴリズムを自然言語に近い形式で記述する方法です。これは、特定のプログラミング言語に依存せずにアルゴリズムの論理を表現できるため、設計段階での検討や修正が容易になります。たとえば、ループや条件分岐といった基本的な処理を簡潔に記述することで、アルゴリズムの意図や流れを明確にし、プログラマーやエンジニアが共通の理解を持ちやすくします。

擬似コードは、具体的なプログラムに変換される前の段階で、アルゴリズムの概念を整理し、改善点を見つけるために使用されます。また、プログラミング言語を学習中の初心者や、他のプログラマーにアルゴリズムを説明する際にも擬似コードは非常に有効です。

特に、プログラムのロジックに集中したい場合には、言語固有の構文にとらわれずにアルゴリズムを検討できるため、設計と実装の橋渡しとしての役割を果たしています。

フローチャート

処理手順を視覚的に表現する図。各ステップを図形で表し、矢印でつなげることで処理の流れを視覚的に理解しやすくします。

擬似コード

自然言語に近い形式でアルゴリズムを記述する方法。プログラミング言語に依存せずにアルゴリズムの概念を表現できるため、設計段階での検討や修正が容易です。

概念的な説明と擬似コード

アルゴリズムを理解しやすくするために、フローチャートのように概念的に表現する方法があります。ここでは、擬似コードとテキストで表現したフローチャートを使って説明します。

概念的な説明

擬似コードとは、自然言語に近い形式でアルゴリズムを記述する方法です。プログラミング言語に依存せずにアルゴリズムの概念を表現できるため、設計段階での検討や修正が容易です。

具体的な例：30人の中から特定の1人を見つけるアルゴリズム

擬似コード

```plaintext
入力：人のリスト（n人）
出力：目的の人


1. リストを半分に分ける
2. 目的の人がどちらのグループにいるかを確認する
3. 目的の人がいるグループを選び、そのグループを
   再び半分に分ける
4. 上記の手順を、目的の人が見つかるまで繰り返す
```

図16 テキストで表現したフローチャート

1. 開始
　— スタート

2. 初期リストを半分に分ける
　— 30人のリストを2つに分ける

3. 目的の人がいるグループを確認
　— 目的の人がどちらのグループにいるか確認

4. 目的の人がいるグループを再び半分に分ける
　— 目的の人がいるグループを選び、そのグループを再び半分に分ける

5. 目的の人が見つかるまで繰り返す
　— 目的の人が見つかるまで2から4を繰り返す

6. 終了
　— 目的の人を見つける
　— ストップ

良いアルゴリズムとは何か？

アルゴリズムは、問題を解決するための明確な手順や方法を定めたものです。良いアルゴリズムを設計することは、効率的で効果的な問題解決に直結します。

ここでは、良いアルゴリズムの特性と、それを実現するための具体的な指標や概念について詳しく説明します。

1.正確性（Correctness）

アルゴリズムの最も基本的な要件は、正確性です。これは、アルゴリズムが与えられた入力に対して正しい出力を常に返すことを意味します。正確性を確保するためには、アルゴリズムのすべてのステップが明確に定義され、誤りがないように設計されている必要があります。

例：線形探索アルゴリズムは、リスト内の特定の要素を見つけるためのシンプルな方法です。このアルゴリズムは、要素がリストに存在する場合はその位置を、存在しない場合は適切なエラーを返します。

2.時間計算量（Time Complexity）

良いアルゴリズムは、実行時間が短いことが望まれます。時間計算量は、アルゴリズムが問題を解決するのに必要な時間を示す指標で、通常は入力サイズの関数として表現されます。ビッグオー記法（O記法）を用いて表され、効率の良いアルゴリズムは低い時間計算量を持ちます。

例：二分探索アルゴリズムは、ソートされたリストを半分に分割して要素を探す方法であり、時間計算量はO(log n)です。これは線形探索のO(n)と比べて非常に効率的です。

3.空間計算量（Space Complexity）

空間計算量は、アルゴリズムが実行される際に必要とするメモリ量を示します。効率的なアルゴリズムは、メモリ使用量も少ないことが望まれます。時間計算量と同様に、空間計算量もビッグオー記法で表現されます。

例：クイックソートは、平均的にはO（log n）の空間計算量を持ちますが、最悪の場合にはO（n）となります。これに対し、マージソートはO（n log n）の時間計算量を持ち、空間計算量は常にO（n）です。

4.シンプルさ（Simplicity）

アルゴリズムはシンプルで理解しやすいことが望まれます。シンプルなアルゴリズムは、実装やデバッグが容易であり、他の開発者が理解しやすいという利点があります。

例：バブルソートは、隣接する要素を比較して交換するシンプルな整列アルゴリズムです。理解しやすいが、効率の点では他のアルゴリズム（たとえば、クイックソート）に劣ります。

5.安定性（Stability）

　安定性は、特に整列アルゴリズムにおいて重要です。安定なアルゴリズムは、同じ値を持つ要素の相対的な順序を保持します。これは、特定の条件下でデータの整合性を保つために重要です。

　例：バブルソートやマージソートは安定な整列アルゴリズムですが、クイックソートは一般に不安定です。

6.汎用性（Generality）

　汎用性のあるアルゴリズムは、さまざまな問題に適用できる柔軟性を持ちます。特定の問題に対してだけでなく、広範な応用範囲を持つアルゴリズムは価値があります。

　例：ダイクストラ法のアルゴリズムは、最短経路を見つけるための一般的なアルゴリズムであり、交通ネットワークや通信ネットワークなど、さまざまな分野で応用されています。

7.最適化のバランス(Trade-off Optimization)

アルゴリズムの設計においては、しばしばトレードオフが必要となります。たとえば、時間計算量と空間計算量の間でバランスを取ることが求められます。特定の状況下での最適なバランスを見つけることが、良いアルゴリズムの鍵です。

例：ランレングス符号化（RLE）は、データの圧縮に用いられるシンプルなアルゴリズムであり、連続する同じデータの長さをカウントします。これは空間効率が高いですが、ランレングスが短い場合には効果が薄いというトレードオフがあります。

8.拡張性（Scalability）

アルゴリズムは、入力データのサイズが増加した場合でも効率的に動作する必要があります。拡張性のあるアルゴリズムは、大規模データセットに対しても適用可能です。

例：ハッシュテーブルは、キーと値のペアを効率的に管理するデータ構造であり、特に大規模データセットに対しても高いパフォーマンスを発揮します。

これらの特性を考慮し、実際の問題解決に適用することで、良いアルゴリズムを設計することが可能です。アルゴリズムの設計と実装は、プログラミングの基本であり、情報Iにおいても重要な学習内容となっています。

図17　良いアルゴリズムの条件

1 正確性
（Correctness）

アルゴリズムの最も基本的な要件であり、アルゴリズムが与えられた入力に対して正しい出力を常に返すことを意味します。

2 時間計算量
（Time Complexity）

アルゴリズムが問題を解決するのに必要な時間を示す指標で、通常は入力サイズの関数として表現されます。

3 空間計算量
（Space Complexity）

アルゴリズムが実行される際に必要とするメモリ量を示します。

4 シンプルさ
（Simplicity）

シンプルなアルゴリズムは、実装やデバッグが容易であり、他の開発者が理解しやすいという利点があります。

5 安定性
（Stability）

安定なアルゴリズムは、同じ値を持つ要素の相対的な順序を保持します。

6 汎用性
（Generality）

汎用性のあるアルゴリズムは、さまざまな問題に適用できる柔軟性を持ちます。

7 最適化のバランス
（Trade-off Optimization）

アルゴリズムの設計においては、しばしばトレードオフが必要となります。

8 拡張性
（Scalability）

拡張性のあるアルゴリズムは、大規模データセットに対しても適用可能です。

03 プログラミングの基本

　プログラミングとは、コンピュータに特定の動作をさせるために指示を書き込む行為です。この指示はプログラムと呼ばれ、特定のプログラミング言語を用いて記述されます。

　プログラミング言語は、コンピュータが理解し、実行できる形で命令を伝えるための規則と構文を提供します。

プログラミング言語とは？

　プログラミング言語は、人間がコンピュータに指示を与えるためのツールです。これには多くの種類があり、それぞれに特定の用途や特徴があります。代表的なプログラミング言語としては、以下のものがあります。

Python

初心者にも学びやすく、幅広い用途に使用される高水準のプログラミング言語。シンプルな構文と強力なライブラリが特徴です。

C++

高性能なアプリケーションやゲーム開発に使われる言語で、低レベルのハードウェア操作も可能です。

JavaScript

主にウェブ開発に使用される言語で、動的なウェブページを制作するために不可欠です。ブラウザ上で直接実行されます。

🌳 アルゴリズムの記述

　プログラミングの基本は、問題解決の手順であるアルゴリズムを記述することです。

　アルゴリズムとは、特定の問題を解決するための明確なステップの集合です。たとえば、リストの中から特定の値を見つけるアルゴリズムや、数値を昇順に並べ替えるアルゴリズムなどがあります。

プログラミングの基本構造

　プログラミングにはいくつかの基本構造があり、これらを組み合わせて複雑なプログラムを作成します。以下にその基本構造を紹介します。

順次構造

処理を順番に実行する。プログラムの基本的な構造であり、上から下へ順番に命令が実行されます。

選択構造

条件に応じて異なる処理を実行する。if文やswitch文がこれに該当し、条件に基づいて異なるコードブロックを実行します。

反復構造

同じ処理を繰り返す。for文やwhile文がこれに該当し、指定された条件が満たされるまで処理を繰り返します。

関数

特定の処理をまとめて再利用可能な形にしたもの。関数を定義することで、プログラムの可読性とメンテナンス性が向上します。

図18 基本構造の具体例

- **順次構造**
  指示を順番に実行する構造です。たとえば、変数に値を代入し、その後でその変数を使って計算する場合などです。

  ```python
  x=5
  y=x+3
  print(y)
  ```

- **選択構造**
  条件によって実行する処理を変更する構造です。'if'文を使用して条件分岐を行います。

  ```python
  if x>10:
      print("xは10より大きい")
  else:
      print("xは10以下")
  ```

- **反復構造**
  同じ処理を繰り返す構造です。'for'文や'while'文を使用します。

  ```python
  for i in range(5):
      print(i)
  ```

基本構造の具体例

　すべてのアルゴリズムは「順次構造」「選択構造」「反復構造」という3つの要素の組み合わせで成り立っています。

　順次構造とは、処理が順番に実行されるものです。

　たとえば「カップ麺を作るときに、ふたを開け、お湯を注ぎ、3分待つ」といった一連の手順がその典型です。

選択構造は、条件によって処理が分岐する仕組みであり、雨の場合に傘を持っていくかどうかの判断などに該当します。

反復構造は、特定の条件が満たされるまで処理を繰り返す仕組みで、1万円が貯まるまで毎日500円を貯金するような処理がその例です。

これらの基本的な「制御構造」を適切に組み合わせることで、複雑なプログラムでも効率的に設計することができます。

コンパイルとインタプリタ

プログラミング言語には、主にコンパイル型とインタプリタ型の2種類があります。

コンパイル型言語

プログラム全体を一度に機械語に変換してから実行します。これにより、実行速度が速くなる一方で、コンパイルに時間がかかることがあります。C++やJavaがこれに該当します。

インタプリタ型言語

プログラムを1行ずつ逐次的に解釈しながら実行します。これにより、デバッグが容易になる一方で、実行速度は遅くなることがあります。PythonやJavaScriptがこれに該当します。

🌱 デバッグとテスト

プログラミングの過程でバグ（プログラムの誤り）が発生することは避けられません。

デバッグとは、これらのバグを見つけて修正するプロセスです。以下は、デバッグとテストの基本的な方法です。

デバッグ

プログラムの実行をステップごとに追跡し、問題のある箇所を特定します。デバッガーツールを使用すると効率的です。

統合テスト（Integration Testing）

複数のモジュールが連携して正しく動作することを確認するテストです。

🌱 プログラミングの応用例

プログラミングは、さまざまな分野で応用されています。以下は、その一部です。

ウェブ開発

ウェブサイトやウェブアプリケーションの開発。HTML、CSS、JavaScriptを使用してフロントエンドを開発し、PythonやPHPなどでバックエンドを構築します。

データ分析

大量のデータを処理し、分析するためのプログラム。Pythonの `pandas` や `numpy` ライブラリがよく使用されます。

ゲーム開発

ゲームのロジックやグラフィックスを制作。C++やUnityなどが使用されます。

機械学習

データを基にモデルを制作し、予測や分類を行う分野。Pythonの `scikit-learn` や `TensorFlow` ライブラリが一般的です。

04 探索のアルゴリズム／整列のアルゴリズム

　探索や整列は、データを効率的に扱うための基本的なアルゴリズムです。これらのアルゴリズムを理解することで、大規模なデータ処理や分析が効率的に行えるようになります。

探索のアルゴリズム

　アルゴリズムには、データの中から特定の要素を見つけ出すための「探索アルゴリズム」があります。

　ここでは、代表的な「線形探索」と「二分探索」の二つの方法について解説します。これらは、リストや配列などのデータ構造に対して要素を効率的に見つけ出すために利用されます。

　線形探索は、リストの最初から順に目的の要素を探す方法です。すべての要素を一つずつ比較するため、シンプルでわかりやすいアルゴリズムですが、データ量が多い場合は非効率的です。

このアルゴリズムでは、リストの最後まで探索が続く可能性があるため、探索にかかる時間はデータの量に比例して増加します。

たとえば、1000個のデータリストから目的の要素を見つける場合、最悪のケースでは1000回の比較が必要です。しかし、データが少ない場合や、リストがソートされていない場合には、この単純なアルゴリズムが適していることもあります。線形探索は実装が簡単で、特に事前のソートが不要なため、小規模なデータセットに対して効率的に使われる方法です。

一方で、二分探索は、ソートされたリストに対して用いられる効率的な探索アルゴリズムです。

この方法では、リストを半分に分け、目的の要素が存在する可能性がある半分のみを対象にして探索を進めていきます。探索範囲を逐次半分に減らしていくため、データ量が多くても比較的少ないステップ数で目的の要素を見つけ出すことができます。

たとえば、1000個のソートされたデータリストから目的の要素を探す場合、二分探索では最大でも10回程度の比較で済みます（2の10乗が約1000であるため）。

このように、二分探索はデータ量が増えても急激に処理時間が増加しない特徴があるため、大規模なデータセットに適しています。ただし、リストがソートされていることが前提であるため、実装にはソートアルゴリズムとの組み合わせが必要です。

> **図19** 探索のアルゴリズム
>
> - **線形探索**
>   リストの最初から順に目的の要素を探す方法。すべての要素を順番に比較するため、データ量が多い場合は非効率ですが、データが少ない場合やソートされていないリストには有効です。
>
>
>
>   あった！
>
> - **二分探索**
>   ソートされたリストを半分に分けて目的の要素を探す方法。探索範囲を逐次半分に減らしていくため、非常に効率的です。二分探索の実装には、ソートアルゴリズムとの組み合わせが必要です。
>
>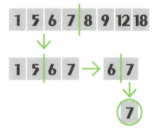

整列のアルゴリズム

整列のアルゴリズムは、データを順序に従って並べ替えるための方法で、特にプログラミングやデータ処理において重要です。ここでは、バブルソートとマージソートという代表的な二つのアルゴリズムについて、具体的な例を交えながらわかりやすく説明します。

バブルソート

バブルソートは、隣り合う要素を順に比較し、必要であれば入れ替えを行って、リスト全体を整列していくシンプルな

アルゴリズムです。
　たとえば、5つの数値［5, 2, 9, 1, 7］を昇順に並べる場合を考えましょう。

　まず、バブルソートでは、リストの最初から二つの要素ずつ比較します。ここでは最初の「5」と「2」を比較します。5は2より大きいため、この二つを入れ替えます。すると、リストは［2, 5, 9, 1, 7］となります。

　次に、「5」と「9」を比較しますが、5は9より小さいので、そのままにします。そして「9」と「1」を比較すると、9は1より大きいため、入れ替えて［2, 5, 1, 9, 7］になります。これを最後まで繰り返し、再び先頭から同様の操作を繰り返します。
　このようにして、すべての要素が整列されるまで、必要な回数だけ操作を続けることで、最終的に［1, 2, 5, 7, 9］となります。

　バブルソートはシンプルで直感的ですが、要素数が多い場合、全体の要素を何度も比較しなければならないため、効率が悪く、データ量が多いと処理時間が長くなります。

マージソート
　マージソートは、データ量が多いときに効率的な整列を行えるアルゴリズムです。

この方法では、リストを半分に分割し、それぞれを整列した後、再び結合する手順を取ります。ここでは、リスト［5, 2, 9, 1, 7］を使って説明します。

　まず、リストを半分に分割します。リスト［5, 2, 9, 1, 7］は、中央で分けて［5, 2］と［9, 1, 7］にします。さらに、これを可能な限り分割し、［5］、［2］、［9］、［1］、［7］のように単独の要素にします。

　次に、それぞれのリストを順序通りに「マージ（結合）」していきます。まず［5］と［2］を比較し、小さい順に並べ替えて［2, 5］にします。同様に［9］、［1］、［7］のほうも小さい順に並べ、［1, 7, 9］にします。

　最後に、二つの部分リスト［2, 5］と［1, 7, 9］を結合します。このとき、各リストの先頭から順に比較して、より小さい数を一つずつ新しいリストに追加していきます。すると、最終的に［1, 2, 5, 7, 9］という並べ替えられたリストが得られます。

　マージソートは分割して再帰的に処理を行うため、データ量が増えても比較的早く整列でき、安定した処理が可能です。そのため、大量のデータを扱う場面ではバブルソートよりもはるかに効率が良く、多くのプログラムで使用されています。

バブルソートとマージソートの違いは、シンプルさと効率性のバランスにあります。少量のデータであればバブルソートでも十分ですが、データ量が増えると処理の負荷も増えるため、マージソートのような効率的なアルゴリズムが有利になります。

図20 整列のアルゴリズム

・バブルソート
隣接する要素を比較して入れ替え、全体を整列する方法。シンプルなアルゴリズムですが、効率が悪いため、データ量が多い場合には適していません。

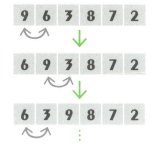

・マージソート
リストを半分に分割し、それぞれを整列した後、再び結合する方法。安定したソートアルゴリズムであり、大量のデータを効率的に整列できます。

🌳 乱数シミュレーション

乱数シミュレーションは、予測が難しい不確実な現象や問題に対して、乱数を用いてシミュレーションを行い、結果を統計的に分析する方法です。

乱数を使うことで、実際には実験が難しい状況や複雑な現象を仮想的に再現し、仮説の検証や予測が可能になります。代表的な手法として「モンテカルロ法」があり、さまざまな分野で幅広く活用されています。

🌳 乱数シミュレーションの基本的な考え方

乱数シミュレーションでは、コンピュータが生成する疑似乱数を使い、問題の結果を多数回シミュレートして、その平均や分布を観察します。

たとえば、ギャンブルや金融のリスク評価、在庫管理、気候予測など、未来の結果が複数の要因に左右される場合に、その要因を乱数で変動させることで、結果の傾向やパターンを把握することができます。

🌳 モンテカルロ法：乱数シミュレーションの代表的な手法

モンテカルロ法は、乱数シミュレーションの中でも有名で、さまざまな不確実性を考慮した問題の解決に利用されます。

この手法は、問題をランダムな試行で近似することにより、統計的に結果を求める方法です。
　たとえば、株価の動きを予測するために、過去の変動パターンを基に乱数を生成し、株価の未来の値動きをシミュレートします。これを多数回繰り返し、その結果を平均することで、予測値やリスクを算出することができます。

　モンテカルロ法はまた、物理シミュレーションやゲームの開発にも応用されます。
　たとえば、荷物がどれだけ積み上がるかをシミュレートする物流業界や、ゲームでランダムに発生するイベントの結果を計算する場面で使われています。

乱数シミュレーションの応用例

　以下の分野にも乱数シミュレーションが使われています。

1. 金融分野

株式やオプションの価格予測、リスク評価のために、株価の変動や市場の動きを乱数シミュレーションでモデル化し、数千回から数万回の試行を行って分布や傾向を観察します。

2. 在庫管理

季節や需要に大きく影響される商品の在庫を管理する際、需要の変動を乱数でシミュレートし、適切な在庫数を決定することが可能です。

3. 気候予測

気温や降水量など、多数の変数が関わる気候予測でも乱数シミュレーションが活用されています。過去のデータを基に変動要因を乱数でシミュレートし、将来の気候変動を予測します。

4. 製造業の品質管理

製造過程で発生する欠陥の発生確率や、生産ラインでの最適な検査頻度を決定するために、乱数を使ってシミュレーションを行います。これにより、品質やコストの最適化が図られます。

乱数シミュレーションの利点と限界

　乱数シミュレーションの利点は、理論的な解析が難しい問題でも、数値的に近似することで解答を導ける点にあります。現実世界の複雑な要因を簡易なモデルに落とし込み、膨大な試行を繰り返すことで、ある程度の予測や傾向を得ることができます。

〈乱数の具体的な活用方法〉

モンテカルロ法で円周率（π）を求める方法は、簡単な乱数シミュレーションのアイデアを使っています。以下のようなステップで進めます。

1. 四角と円をイメージする

まず、正方形の中にちょうど収まるように、半径1の円を描きます。円の中心と正方形の中心は同じ位置です。これで、円が正方形の中にすっぽりと収まった状態になります。

2. ランダムに点を打つ

次に、この正方形の中にランダムで点をたくさん打っていきます。点の位置は四角の範囲（−1から1の範囲）で適当に決めます。これをコンピュータで何千回も繰り返します。

3. 円の中に入った点を数える

ランダムに打った点が、円の中に入っているかを調べます。これは、円の中心からの距離が1以下であれば、点が円の中に入っていると判断します。たとえば、四角の中に10,000個の点を打ったときに、そのうち7,850個が円の中に入っていたとします。

4. 円周率を近似する

正方形の中に点をランダムに打つと、点が円の中に入る割合は円と正方形の面積の比率に近くなります。この割合を4倍すると、円周率（π）の近似値が得られます。たとえば、前述の例なら、正方形の中に打った10,000個の点のうち、円の中に7,850個入ったので、この割合を使ってπの値を求めます。

なぜこれでπがわかるのでしょうか？

この方法は、点がランダムにばらまかれたときに、円と正方形の面積の関係が浮かび上がることを利用しています。大量の点を打つことで、正確に円周率がわかるのです。この方法は、乱数を使って何度も試して平均を取ることで、答えに近づいていくモンテカルロ法の考え方を示しています。

第 4 章

情報通信ネットワークとデータの活用

01 情報通信ネットワークとプロトコル

　情報通信ネットワークは、コンピュータ同士がデータをやり取りするための仕組みです。プロトコルは、その通信を行うためのルールであり、異なるデバイスやシステムが互いに通信できるようにします。

ネットワークの種類

　ネットワークは、その範囲や規模によっていくつかの種類に分けられます。LAN は狭い範囲・WAN は広い範囲のネットワークだと言われることが多いですが、それぞれの種類には異なる特徴や用途があり、使用される環境や目的に応じて適切なネットワークが選ばれます。
　以下に、代表的なネットワークの種類について詳しく説明します。

LAN（Local Area Network）

LANは、家庭内やオフィス内などの狭い範囲で使用されるネットワークです。LANは高速で信頼性が高く、デバイス間のファイル共有やプリンタの共有などに利用されます。

WAN（Wide Area Network）

WANは、広い範囲にわたるネットワークです。インターネットは最も一般的なWANの例です。WANは、異なる地域や国をつなぎ、グローバルなデータ通信を可能にします。

VPN（バーチャルプライベートネットワーク）

VPN（Virtual Private Network）は、通常のインターネット接続を使いながら、あたかもプライベートなネットワークのように安全にデータをやり取りするための仕組みです。

VPNを利用することで、リモートワーク中の従業員が自宅から会社のLANに安全にアクセスできるようになります。

インターネットを通じて暗号化された通信を行うことで、外部からの盗聴や不正アクセスを防止できるため、セキュリティが重視される環境でよく使われます。

🌱 プロトコル

プロトコルは、ネットワーク通信におけるルールや手順を定めたものです。さまざまなプロトコルが存在し、それぞれが特定の目的や用途に適しています。

図21 プロトコルについて

- **TCP/IP**
 (Transmission Control Protocol/Internet Protocol)
 インターネット上で広く使用されているプロトコルスイートで、データの送受信を確実に行うための標準です。

- **HTTP**
 (Hypertext Transfer Protocol)
 ウェブページのデータを転送するためのプロトコルです。ブラウザとウェブサーバ間の通信を可能にします。

- **FTP**
 (File Transfer Protocol)
 ファイルを転送するためのプロトコルで、データのアップロードやダウンロードに使用されます。

- **SMTP**
 (Simple Mail Transfer Protocol)
 電子メールを送信するためのプロトコルです。メールサーバ間でメッセージを送受信します。

ISP (Internet Service Provider)

ISPは、インターネット接続を提供する事業者のことです。ISPは、ユーザーにインターネットへのアクセスを提供し、そのための必要なインフラストラクチャを管理します。

一般的なISPには、光ファイバー、ケーブルなどの接続方法があります。

光ファイバー

光信号を用いてデータを伝送する技術で、高速かつ大容量のデータ通信が可能です。FTTH（Fiber to the Home）とも呼ばれます。

ケーブルインターネット

テレビの同軸ケーブルを利用してインターネット接続を提供する技術です。ケーブルテレビ事業者が提供することが多いです。

🌳 IPアドレスとドメイン名

　インターネット上で通信を行うためには、各デバイスが一意に識別される必要があります。これを実現するために、IPアドレスとドメイン名が使用されます。

IPアドレス（Internet Protocol address）

ネットワーク上のデバイスを識別するための一意の番号です。IPv4（32ビット）とIPv6（128ビット）の二つのバージョンがあります。IPv4アドレスは約43億個のアドレスを提供し、IPv6はほぼ無限のアドレス空間を提供します。

グローバルIPアドレス

インターネット全体で一意のアドレスです。インターネット上で直接アクセス可能なデバイスに割り当てられます。

プライベートIPアドレス

内部ネットワーク内で使用されるアドレスです。インターネット上では一意ではなく、ルータなどの機器を介してインターネットに接続します。

🌱 ドメイン名とDNS

ドメイン名は、人間が理解しやすい形式で書かれたインターネット上のアドレスです。これをIPアドレスに変換するために、DNS(Domain Name System)が使用されます。

ドメイン名
たとえば「example.com」のような形式で、インターネット上のリソースを識別するために使用されます。

トップレベルドメイン(TLD)
ドメイン名の一番右の部分です。たとえば「.com」や「.org」がこれに該当します。

DNSサーバ
ドメイン名をIPアドレスに変換する役割を持つサーバです。ユーザーが「example.com」と入力すると、DNSサーバが対応するIPアドレスを返します。

🌱 ルータとルーティング

ネットワーク間のデータの経路を決定するために、ルータが使用されます。

ルーティングは、データが最適な経路を通って目的地に到達するようにするプロセスです。

> **ルータ（Router）**
> 異なるネットワーク間のデータ通信を管理する装置です。データパケットの送信先を決定し、適切な経路に送ります。
>
> **ルーティング**
> データパケットがネットワークを通じて目的地に到達するための経路を選択するプロセスです。
>
> **経路制御表（ルーティングテーブル）**
> ルータが経路を選択するための情報を保持する表です。各データパケットがどの経路を通るべきかを決定するために使用されます。

無線LANとWi-Fi

　無線LANは、ケーブルを使用せずにデバイス間でデータを通信するためのネットワーク技術です。Wi-Fiは、無線LANの規格の一つであり、広く普及しています。

無線LAN

ケーブルを使用せずにデバイス間でデータ通信を行うネットワーク技術です。

Wi-Fi

無線LANの一種で、IEEE 802.11規格に基づいています。Wi-Fiは、家庭やオフィス、公共の場所で広く使用されています。

アクセスポイント（AP）

無線デバイスがネットワークに接続するための中継装置です。Wi-Fiネットワークを構築するために使用されます。

図22 ルータとルーティング

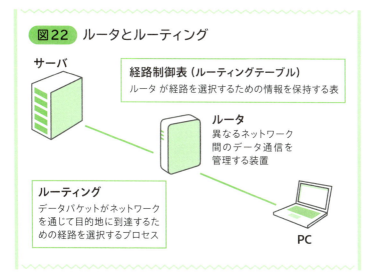

サーバ

経路制御表（ルーティングテーブル）
ルータが経路を選択するための情報を保持する表

ルータ
異なるネットワーク間のデータ通信を管理する装置

ルーティング
データパケットがネットワークを通じて目的地に到達するための経路を選択するプロセス

PC

🌳 無線LANと有線LANの違い

　無線LANは、ケーブルを使わずにデバイス間でデータを通信するネットワーク技術で、Wi-Fiはその一種として広く普及しています。無線LANの利便性は高く、家庭やオフィス、公共施設など、さまざまな場所で利用されており、スマートフォンやタブレット、ノートパソコンなど、持ち運びが求められるデバイスに特に適しています。

　一方で、有線LANはケーブルを用いてデバイスを直接ルータやスイッチに接続するネットワーク方式です。一般的に、無線LANと比べて通信速度が安定しており、高速なデータ転送が可能です。たとえば、オンラインゲームやビデオ会議のように、遅延が問題になるアプリケーションでは、有線LANが好まれることが多いです。

　また、有線LANはセキュリティ面でも優れており、通信がケーブル内を通じて行われるため、無線LANのように外部からの不正アクセスや盗聴のリスクが低いという特徴があります。これにより、金融機関や企業内の重要なデータ通信には有線LANが選ばれることが多く、信頼性が求められる場面では無線LANよりも有線LANが適している場合があります。

　とはいえ、無線LANには設置や利用の自由度という大きなメリットがあります。

たとえば、家のどこにいてもインターネットに接続でき、デバイスの移動も容易です。さらに、新しいデバイスの追加も簡単で、ケーブルを配線する手間が省けるため、特に多くのデバイスが接続される家庭やオフィス環境では利便性が高いといえます。

このように、有線LANと無線LANにはそれぞれ利点と欠点があり、使用する環境や用途によって選ばれています。たとえば、安定した高速通信が求められる場面では有線LANが、自由な配置とデバイスの接続が重要な環境では無線LANが適しているといえるでしょう。

通信速度と帯域幅

通信速度は、データが送受信される速さを表します。bps（ビット毎秒）という単位で測定されます。

bps（ビット毎秒）

データの転送速度を表す単位です。たとえば、100Mbpsは1秒間に100メガビットのデータを転送できることを意味します。

ブロードバンド

高速なインターネット接続を指します。

光ファイバー、ケーブルインターネットなどがブロードバンドに該当します。

🌳 ネットワークデバイス

ネットワークを構築するためには、さまざまなデバイスが必要です。中心的な役割を果たすのがルータです。ルータは、家庭やオフィスのネットワークとインターネットをつなぐ架け橋のような存在です。

たとえば、スマートフォンやパソコンがインターネットにアクセスできるのも、ルータが各デバイスにIPアドレスを割り当て、インターネット上の目的地までデータを導いてくれるからです。さらに、ルータはファイアウォール機能を備えており、ネットワークに侵入しようとする不正なアクセスをブロックする守護者のような役割も果たします。

また、ネットワーク内でデータの流れをスムーズにするために欠かせないのがスイッチです。スイッチは、オフィスのネットワークでいくつものコンピュータやプリンタが接続され、スムーズに情報をやり取りできるように、データを適切な経路に分配します。まるで交通整理の役割を果たし、データの流れが滞らないように調整してくれます。

特に企業のネットワークでは、このスイッチがなければ大規模なデータ通信は効率よく行えません。

そして、デバイス間の通信を無線で可能にするのがアクセスポイントです。家庭用のWi-Fiルータにも含まれることが多いこの機器は、スマートフォンやタブレット、ノートパソコンが家中どこにいてもネットワークに接続できるように、信号を安定して届けてくれます。

以下は、一般的なネットワークデバイスの例です。

図23　ネットワークデバイスについて

- **ルータ**

異なるネットワークを接続し、データのルーティングを行うデバイス

- **スイッチ**

LAN内のデバイス間でデータを転送するデバイス

- **モデム**

デジタルデータをアナログ信号に変換し、逆にアナログ信号をデジタルデータに変換するデバイス

- **アクセスポイント**

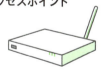

無線ネットワークを提供するデバイス

🌳 セキュリティ

　ネットワークの安全性を確保するためには、さまざまなセキュリティ対策が必要です。インターネットに接続することで多くの情報にアクセスできる一方で、不正アクセスや情報の盗難、ウイルス感染といったリスクが伴います。

　これらの脅威からネットワークを守るためには、具体的な対策を講じることが重要です。

　まず、基本的なセキュリティ対策として欠かせないのが、パスワードの設定です。パスワードを設定することで、外部からの不正アクセスを防ぎます。簡単に推測されるような単純なパスワードは避け、アルファベットの大文字・小文字や数字、記号などを組み合わせた複雑なパスワードを使うと、セキュリティが強化されます。また、定期的にパスワードを変更することも、情報が盗まれにくくなるため効果的です。

　さらに、ファイアウォールもネットワークの安全性を高めるための重要な役割を担っています。

　ファイアウォールは、外部からの不正なアクセスを検出してブロックする仕組みです。たとえば、企業や学校のネットワークではファイアウォールを通じてネットワークを保護し、悪意のあるアクセスや不審なデータ通信が侵入するのを防いでいます。

　ファイアウォールを設定しておくと、インターネットを介

してネットワークに入ってこようとする不審な接続が遮断されるため、安全な環境が保たれます。

　また、ウイルス対策ソフトの導入も非常に重要です。ウイルス対策ソフトは、インターネットを通じてダウンロードされたファイルやメールの添付ファイルなどを監視し、ウイルスやマルウェアがないかをチェックしてくれます。

　たとえば、不正なリンクをクリックしてしまった際にも、このソフトが警告を発してくれることがあるため、ウイルス感染のリスクを低く抑えることができます。

　定期的なアップデートも欠かせません。新しいウイルスやマルウェアに対応するために、最新の情報を反映させておく必要があるからです。

　個人や企業がインターネットを使う際には、二段階認証も有効です。二段階認証は、通常のパスワード入力に加えて、特定のコードやスマートフォンを使った認証を追加する方法で、万が一パスワードが漏洩してしまっても、第二の確認手段によって不正アクセスを防げます。

　たとえば、SNSや銀行のオンラインサービスで二段階認証を利用すれば、より安全に利用できるでしょう。

　最後に、データの暗号化もネットワークの安全性を保つための有効な方法です。データの暗号化とは、送信する情報を見えない形に変換することで、第三者が読み取れないようにする技術です。

たとえば、オンラインショッピングでクレジットカード情報を入力する際には、この情報が暗号化されているため、途中で盗まれても内容が解読されにくくなっています。特に機密性の高い情報をやり取りする場合には、暗号化は非常に有効な対策となります。

　このように、ネットワークの安全性を高めるためには、パスワードの設定から暗号化まで、複数の対策を組み合わせることが大切です。それぞれの対策が互いを補い合い、総合的な防御力を高めることで、ネットワークが不正アクセスやウイルス感染のリスクから守られます。これらの対策を日常的に行うことで、安全なネットワーク環境が維持されるのです。

　以下に、一般的なセキュリティ対策を紹介します。

ファイアウォール

ネットワークに対する不正アクセスを防ぐためのデバイスやソフトウェアです。トラフィックを監視し、不正なアクセスをブロックします。

VPN（Virtual Private Network）

インターネット上で安全な通信を行うための技術です。データを暗号化し、プライバシーを保護します。

暗号化

データを暗号化することで、通信中のデータを保護します。HTTPSは、ウェブページの通信を暗号化するためのプロトコルです（184ページ参照）。

認証

ユーザーの身元を確認するプロセスです。パスワード、二要素認証（2FA）、バイオメトリクス認証（指紋や顔などによる認証）などがあります（185ページ参照）。

インターネットの仕組み

インターネットは、世界中のコンピュータとネットワークを相互接続する巨大なネットワークです。以下に、インターネットの基本的な仕組みを紹介します。

IPアドレス

インターネット上のデバイスを識別するための一意の番号です。IPv4とIPv6の2種類があり、IPv6はIPv4のアドレス枯渇問題を解決するために開発されました。

DNS（Domain Name System）

ドメイン名をIPアドレスに変換するシステムです。たとえば、`www.example.com`を`192.0.2.1`のようなIPアドレスに変換します。

Webサーバ

Webページを提供するためのサーバーです。クライアント（ブラウザ）からのHTTPリクエストに応じて、Webページのコンテンツを送信します。

クラウドコンピューティング

インターネット経由で計算資源やストレージを提供するサービスです。ユーザーは、自分のデバイスに物理的なハードウェアを持たずに、リモートのサーバーを利用できます。

🌳 パケット交換方式

　クラウドコンピューティングを理解するためには、インターネットを通じてどのようにデータがやり取りされるか、その「仕組み」を理解することも大切です。

　データ通信には、パケット交換方式と呼ばれる重要な技術が使われており、これがクラウドのスムーズな利用を支えています。

まず、パケットとは、データを小さな単位に分割したもので、それぞれに宛先や順序などの情報が含まれています。
　たとえば、クラウドに保存された写真や動画をスマートフォンで閲覧する場合、写真データ全体が一気に送られるのではなく、小さなデータのかたまり、つまりパケットに分割されて送信されます。
　これにより、インターネット上のどの経路を通っても送れるため、非常に効率的な通信が可能になるのです。

　次に、パケット交換方式について説明します。この方式では、パケットに分けられたデータが複数の経路を通って目的地に送られ、最終的に受信側で再びまとめられて元のデータに戻されます。
　たとえば、写真のデータを送信するとき、パケットの一部が異なる経路を通ることがありますが、受信側ではその順番通りに組み立て直され、正しい内容が表示される仕組みです。これにより、途中で一部のパケットが遅れても他のパケットが先に届くため、データが効率的に伝達されます。

　クラウドサービスの利用では、大量のデータがインターネットを通じてやり取りされるため、パケット交換方式は非常に重要です。
　たとえば、GoogleドライブやOneDriveのファイルにアクセスするとき、そのファイルデータもパケットに分割され、少しずつ送られていきます。

これにより、通信の渋滞が発生しても他のパケットが異なる経路を通って送られるため、安定した速度でファイルをダウンロードしたり、クラウド上のファイルにアクセスしたりできるのです。

　このように、パケット交換方式がクラウドコンピューティングの基盤として機能しており、私たちが便利にクラウドサービスを利用できるようになっています。
　インターネット上の情報が細かくパケットに分かれて流れているおかげで、データの伝達が効率化され、クラウドの活用がスムーズになっているのです。

🌳 クラウドコンピューティングについて

　クラウドコンピューティングとは、インターネットを通じて計算やデータ保存をするための仕組みのことです。
　この仕組みを使うと、ユーザーは自分のパソコンやスマートフォンにたくさんのデータを保存したり、大きな処理をさせたりしなくても、遠く離れたサーバを使ってそれらの作業を行えます。

クラウドの仕組み

クラウドコンピューティングの基本的な仕組みは、ユーザーがインターネットを介して巨大なサーバにアクセスすることです。このサーバは、たくさんの計算をこなしたり、膨大なデータを保存する能力を持っています。

たとえば、GoogleドライブやDropboxといったクラウドサービスは、私たちが作成した書類や写真、動画を「クラウド」に保存しておける仕組みです。

こうしたクラウドサービスのおかげで、パソコンやスマートフォンに保存する容量が足りなくても、インターネットに接続さえしていれば、どこからでもアクセスできるようになっています。

具体例：ゲームや動画のクラウドサービス

クラウドコンピューティングのわかりやすい例として、クラウドゲームがあります。

たとえば、プレイステーションやXboxなどのゲームを思い浮かべてみましょう。従来は、そういったゲーム機本体がなければ遊べませんでしたが、クラウドゲームサービスを使うと、ゲーム機がなくてもインターネットを通じてゲームをプレイできます。

実際のゲーム処理は遠くにあるクラウドサーバで行われ、映像や音声だけがユーザーの画面に送られます。つまり、ユーザーのデバイスには処理の負担がかからず、通信が途切れない限り、まるで最新の高性能ゲーム機で遊んでいるかのようにスムーズにプレイできるのです。

また、動画編集もクラウドコンピューティングを活用する分野の一つです。通常、動画編集にはかなりの計算処理が必要で、ハイスペックなパソコンが求められます。しかし、クラウドサービスでの動画編集なら、インターネットを通じて高性能なクラウドサーバに処理を任せられるので、手元のデバイスがそれほどハイスペックではないパソコンやタブレットでも問題なく編集できます。これは、編集データをクラウドに保存しておけるため、デバイスが壊れてもデータは安全に保管されているというメリットもあります。

身近なクラウドサービス

身近なクラウドサービスとして、GoogleドライブやOneDriveが挙げられます。これらのサービスでは、会社で作成したレポートや写真、音声ファイルなどをクラウドに保存しておけます。

たとえば、パソコンで作成したレポートをクラウドに保存しておけば、帰宅後にスマートフォンで再び開いて、簡単に続きを書くことができます。

　これにより、USBメモリや外付けハードディスクを持ち歩く必要もなくなり、どこからでも同じデータにアクセスできるため、効率よく勉強や作業を進めることが可能です。

クラウドのメリットと注意点

　クラウドコンピューティングの最大のメリットは、必要なデータやソフトウェアがインターネット上で管理されているため、デバイスの処理能力や容量に制限されずに使用できる点です。

　たとえば、スマートフォンの容量がいっぱいでも、クラウドに写真を保存しておけば、スマホの容量を節約できます。

　ただし、クラウドコンピューティングには注意点もあります。データがインターネット上のサーバに保存されるため、強いパスワードの設定や二段階認証といったセキュリティ対策が大切です。

　クラウドは便利ですが、セキュリティの意識を持って使うべきなのです。

02 インターネットの利用／電子メールの仕組み

　インターネットは、世界中のコンピュータやネットワークが相互接続された巨大なネットワークです。インターネットを利用することで、さまざまな情報やサービスにアクセスすることができます。以下に、インターネットの利用方法と電子メールの仕組みについて詳しく説明します。

インターネットの利用

　インターネットは、世界中のコンピュータやネットワークをつなぎ、瞬時に情報を共有するための巨大なデジタル基盤です。情報の収集、コミュニケーション、娯楽、学習、ビジネスなど、あらゆる分野で広く活用されていることは、誰もが知っているでしょう。

　まずは、基本的な言葉について整理していきます。

Webブラウザ

Webブラウザは、インターネット上のWebページを閲覧するためのソフトウェアです。代表的なWebブラウザには、Google Chrome、Mozilla Firefox、Microsoft Edge、Safariなどがあります。Webブラウザを使用することで、ニュース、SNS、動画ストリーミングなどさまざまなWebコンテンツにアクセスできます。

検索エンジン

検索エンジンは、インターネット上の情報を検索するためのサービスです。代表的な検索エンジンには、Google、Bing、Yahoo!などがあります。検索エンジンは、キーワードを入力して関連するWebページを見つけ出し、ユーザーに提供します。

「WWW」「URL」「ドメイン名」について

「WWW」「URL」「ドメイン名」といった基本的な用語の意味を理解することが役立ちます。これらはインターネット上で情報を探したり共有したりする際に欠かせない要素であり、インターネット文化を築き上げた重要な技術です。

まず、「WWW」とは、"World Wide Web"の略で、インターネット上にある膨大な情報の世界を指します。1989年、ティム・バーナーズ＝リーによって考案され、コンピュータ上で情報をリンクしながら閲覧できる仕組みが生まれました。
　このWWWを使うことで、私たちは文字、画像、動画、音声などのさまざまな情報にアクセスできるようになり、ニュースや娯楽、学習コンテンツが身近なものになりました。

　次に、「URL」は、インターネット上で情報にアクセスするための住所のようなもので、「Uniform Resource Locator」の略です。
　たとえば、https://www.example.com というURLは、具体的なWebページにアクセスするための道筋を示しています。このURLは、プロトコル（通信規約）、ドメイン名、パスという構成で成り立っており、目的のページまでの詳細な経路を提供します。URLのおかげで、インターネット上のどこにでも正確にたどり着けるため、メールやSNSでリンクを共有するといったことが可能になります。

　その中でも、「ドメイン名」は、URLの中で特に目立つ部分です。上の例では「example.com」がドメイン名にあたります。ドメイン名は、インターネット上での「名前」のような役割を果たし、数字の羅列であるIPアドレスの代わりに覚えやすい文字で表現されています。

たとえば、「https://www.google.com」では「google.com」がドメイン名で、Googleのウェブサイトを特定するための名前です。

　また、これらの仕組みが連携して動くためには、DNS（Domain Name System）という仕組みも必要です。DNSは「インターネットの電話帳」ともいえるもので、ドメイン名をIPアドレスに変換します。私たちが「example.com」と入力すると、DNSが「203.0.113.10」といったIPアドレスに変換し、適切なサーバへつなげてくれるのです。
　DNSのおかげで、私たちは覚えやすい名前でインターネット上の情報にアクセスでき、便利で快適なネットサーフィンが実現されています。

　これらの仕組みを理解することで、インターネットがどのように機能し、情報がどのように私たちの手元に届くのかが見えてきます。
　インターネット上での「住所」にたどり着くためのこれらの基本的な概念は、私たちが快適にインターネットを利用するために欠かせないものです。

電子メールの仕組み

電子メールは、インターネットを利用してメッセージをやり取りする手段です。次のページで電子メールの仕組みについて詳しく説明します。

メールサーバ

メールサーバは、電子メールを送受信するためのサーバです。送信者のメールサーバがメッセージを受け取り、受信者のメールサーバに転送します。代表的なメールサーバソフトウェアには、Microsoft Exchange、Postfix、Sendmailなどがあります。

メールクライアント

メールクライアントは、電子メールを閲覧・管理するためのソフトウェアやWebサービスです。代表的なメールクライアントには、Gmail、Microsoft Outlook、Mozilla Thunderbird、Apple Mailなどがあります。メールクライアントを使用することで、受信したメールの確認や、新しいメールの作成・送信が可能です。

図24 電子メールの仕組み

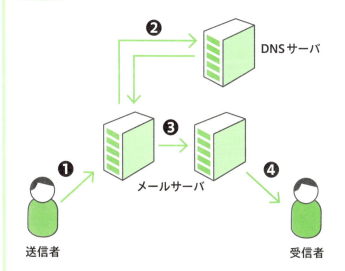

❶ メーラでメールサーバにSMTPを用いてメールを送信する

❷ メールを届けるメールサーバのIPアドレスをDNSサーバーに問い合わせる

❸ POPサーバやIMAPサーバにメールを転送する

❹ POPやIMAPを用いてメールを取り出す

03 通信における情報の安全を確保する技術

　情報の安全を確保するためには、さまざまな技術が使われます。以下に、暗号化と認証に関する技術について詳しく説明します。

暗号化

　暗号化は、データを第三者が理解できない形式に変換する技術です。暗号化されたデータは、特定の鍵を使用して復号化することで元のデータに戻すことができます。

共通鍵暗号

共通鍵暗号は、同じ鍵を使ってデータを暗号化し、復号化する方法です。暗号化と復号化に同じ鍵を使用するため、鍵の管理が重要です。代表的な共通鍵暗号アルゴリズムには、AES（Advanced Encryption Standard）やDES（Data Encryption Standard）があります。

公開鍵暗号

公開鍵暗号は、公開鍵と秘密鍵のペアを使ってデータを暗号化し、復号化する方法です。公開鍵は誰でも入手できるが、秘密鍵は所有者のみが知っている。公開鍵で暗号化されたデータは、対応する秘密鍵でのみ復号化できます。代表的な公開鍵暗号アルゴリズムには、RSA（Rivest-Shamir-Adleman）やECC（Elliptic Curve Cryptography）があります。

認証

認証は、通信の相手が本物であることを確認するプロセスです。以下に、一般的な認証方法について説明します。

パスワード認証

パスワード認証は、ユーザー名とパスワードを使って本人確認を行う方法です。ユーザーが正しいパスワードを入力すると、システムはそのユーザーを認証します。パスワードの強度を高めるために、複雑な文字列を使用することが推奨されます。

生体認証(バイオメトリクス認証)

生体認証は、指紋や顔認証などの生体情報を使って本人確認を行う方法です。生体認証は、パスワード認証よりも高いセキュリティを提供します。代表的な生体認証技術には、指紋認証、顔認証、虹彩認証などがあります。

二要素認証(2FA)

二要素認証は、二つの異なる認証要素を組み合わせて本人確認を行う方法です。通常、パスワードと一時的な認証コード(SMSや認証アプリで生成される)を組み合わせます。二要素認証は、単一の認証方法よりも高いセキュリティを提供します。

🌳 データの暗号化とセキュリティプロトコル

インターネット通信の安全性を確保するためには、データの暗号化とセキュリティプロトコルが重要です。図25に、代表的なセキュリティプロトコルについて説明します。

これらの技術やプロトコルを理解し、適切に活用することで、インターネット上でのデータ通信の安全性を確保し、情報を保護することができます。

図25 代表的なセキュリティプロトコル

- **HTTPS（Hypertext Transfer Protocol Secure）**

  HTTPSは、Webページのデータ通信を暗号化するためのプロトコルです。HTTPの上にSSL/TLS（Secure Sockets Layer/Transport Layer Security）を組み合わせて使用し、通信内容を保護します。

- **VPN（Virtual Private Network）**

  VPNは、インターネット上で安全な通信を行うための技術です。VPNは、ユーザーのデータを暗号化し、安全なトンネルを通じて通信を行います。

- **IPsec（Internet Protocol Security）**

  IPsecは、インターネットプロトコル（IP）通信を保護するためのセキュリティプロトコルです。IPsecは、データの暗号化と認証を行い、安全な通信を実現します。

情報通信ネットワークの仕組みやプロトコルの理解は、現代の情報社会で不可欠なスキルです。

04 データベースの基本とデータの分析

　データベースは、大量のデータを効率的に管理し、必要な情報を迅速に取得するためのシステムです。現代の情報社会において、データの蓄積と分析は企業や組織の意思決定において重要な役割を果たします。以下では、データベースの基本とデータの分析について詳しく説明します。

データベースの基本

　データベースという言葉を耳にしたことがあるでしょうか？　データベースとは、一定の規則に従ってデータを集めて整理・蓄積したものを指します。

　たとえば、あなたがスマートフォンのアドレス帳に友人のメールアドレスを20件登録しているとしたら、そのアドレス帳自体がデータベースの一種です。このように、データベースは日常生活の中で私たちが自然に利用しているものです。

現代の情報社会では、データの量が加速度的に増え続けています。この膨大なデータを効果的に活用するためには、データベースに蓄積し、適切に管理・分析することが必要です。
　データベースを活用することで、ビジネスの意思決定を支えたり、ユーザー体験を向上させたりと、多くの場面でメリットが得られます。

　データベースにはいくつかの種類があり、データの形式に応じて「関係型データベース」「階層型データベース」「ネットワーク型データベース」などに分類されます。これらは「データモデル」と呼ばれるものです。
　中でも、現在最も広く使われているのは「関係型データベース（RDB: Relational DataBase）」で、列と行で構成された表形式でデータを管理する手法です。
　この方法は、データの検索や整理が効率的に行えるため、ビジネスやシステム開発の現場で非常に重要な役割を果たしています。基本的な言葉を整理していきましょう。

🌳 データの分析

　データの分析は、データベースに格納されたデータを用いて、有用な情報や知見を抽出するプロセスです。以下に、データ分析の主要な手法と技術を紹介します。

データマイニング

データマイニングは、大量のデータからパターンや規則性を見つけ出す手法です。たとえば、顧客の購買履歴から購買パターンを分析し、マーケティング戦略を立てることができます。データマイニングの技術には、クラスター分析、アソシエーション分析、決定木分析などがあります。

ビッグデータ

ビッグデータは、従来のデータ処理技術では処理できないほど大量のデータを扱うための技術や手法です。ビッグデータの特徴は、データの量（Volume）、多様性（Variety）、速度（Velocity）、価値（Value）の4Vです。ビッグデータの処理には、HadoopやSparkなどの分散処理技術が使用されます。

テキストマイニング

テキストマイニングは、テキストデータから有用な情報を抽出する手法です。たとえば、SNSの投稿やレビューの分析を行い、消費者の感情や意見を把握することができます。テキストマイニングの技術には、形態素解析、自然言語処理（NLP）、感情分析などがあります。

機械学習

機械学習は、データからパターンを学習し、予測や分類を行う手法です。機械学習アルゴリズムには、線形回帰、ロジスティック回帰、サポートベクターマシン（SVM）、ランダムフォレスト、ニューラルネットワークなどがあります。これらの技術を用いて、データ分析を自動化し、高精度な予測モデルを構築します。

図26　データベースの基本

- **テーブル**

  データを行（レコード）と列（フィールド）で構成されたテーブルに格納します。

- **SQL (Structured Query Language)**

  データベースを操作するための標準的な言語です。

- **プライマリキー**

  テーブル内の各行を一意に識別するための列（または列の組み合わせ）です。

- **リレーショナルデータベース管理システム (RDBMS)**

  リレーショナルデータベースを管理するためのシステムです。

データベースとデータ分析の技術を組み合わせることで、企業や組織は膨大なデータから有用な情報を抽出し、戦略的な意思決定を支援することができます。

　YouTubeライブやInstagramライブで有名人の配信の際に大量にコメントが流れるときも、データベースの情報処理が役立っています。

　YouTubeライブのような大規模なストリーミング配信で多数の視聴者が同時にコメントを送信できる仕組みは、以下の技術と理論に基づいています。なお、以下には、社会人の読者を想定して情報Iの範囲を越えた内容まで紹介します。

1．クライアント・サーバアーキテクチャ

　YouTubeライブの基盤は、クライアント（視聴者のデバイス）とサーバ（YouTubeのサーバ群）で構成されています。視聴者がコメントを送信すると、そのコメントはインターネットを経由してYouTubeのサーバに送られます。

2．分散システム

　YouTubeは単一のサーバではなく、世界中に配置された多数のサーバを使っています。これを分散システムといいます。このシステムにより、負荷を複数のサーバに分散させることで、大量のトラフィックを効率的に処理することが可能です。

3.ロードバランシング

　分散システムの一部として、ロードバランサーが使用されます。これは、視聴者からのコメントやリクエストを適切なサーバに振り分ける役割を果たします。これにより、特定のサーバに負荷が集中するのを防ぎ、全体のシステムのパフォーマンスを最適化します。

4.ウェブソケット（WebSocket）

　YouTubeライブのコメント機能では、リアルタイム通信を実現するためにWebSocket技術が使用されます。WebSocketは、クライアントとサーバ間で持続的な双方向通信を可能にします。HTTP通信とは異なり、WebSocketでは接続が維持されるため、サーバからクライアントへのプッシュ通知が迅速に行えます。

5.メッセージキュー

　大量のコメントが同時に送信される場合、それらを一度に処理するのは困難です。そこで、メッセージキュー（例：Apache KafkaやRabbitMQ）が使用されます。メッセージキューは、コメントを一時的にキューに保存し、順次処理することで、システム全体の負荷を分散させます。

6.データベースとキャッシュ

　コメントの保存と表示にはデータベースが使用されますが、すべてのコメントをリアルタイムにデータベースに書き込むのは非効率です。そこで、RedisやMemcachedなどのキャッシュシステムが使われます。これにより、最新のコメントを迅速に表示することができます。

7.フロントエンドとリアルタイム更新

　視聴者のブラウザやアプリケーション（クライアント側）は、JavaScriptや他のフロントエンド技術を使ってリアルタイムでコメントを表示します。WebSocket接続を通じて新しいコメントが受信されると、クライアント側のUIが即座に更新されます。

🌲 キューとは何か

キュー（Queue）は、データを「順番」に並べて管理するためのデータ構造です。キューの仕組みは、先に入れたものから先に出すというルールで動きます。

これを「FIFO（First In, First Out）」と呼び、最初に入れたデータが最初に取り出される仕組みです。日常の例として、列に並んでいる人々をイメージするとわかりやすいでしょう。列の先頭にいる人が最初にサービスを受け、その後ろの人が次に進む、という流れがキューと同じです。

🌲 キューの仕組み

キューには、主に二つの操作があります。

エンキュー（enqueue）

データをキューに追加する操作です。新しいデータはキューの最後に入ります。たとえば、レストランの順番待ちで新しく並ぶ人が列の最後に加わるのと同じです。

デキュー（dequeue）

データをキューから取り出す操作です。取り出されるのは、キューの先頭にあるデータです。たとえば、先頭にいた人が順番を終えて列から抜けるのと同じです。

🌱 キューの具体的な例

　キューの仕組みは、コンピュータのさまざまな場面で役立ちます。具体的な例として、プリンタの印刷待ち行列を考えてみましょう。

　プリンタで複数のドキュメントを印刷するとき、先に印刷指示が出されたものから順番に印刷されます。この印刷待ちリストはキュー構造で管理されており、新しく印刷を指示するとリストの最後に追加されます。

　最初に並んでいるドキュメントから順に処理され、リストの先頭のドキュメントが印刷されると次のドキュメントがリストの先頭に来る、という流れが繰り返されます。

　また、ゲーム内の操作順にもキューが使われることがあります。オンラインゲームでは、プレイヤーが行った操作が順番に処理され、サーバー側で正しい順序で実行されるように管理されています。

　たとえば、攻撃や回復の操作を行った場合、それらの操作がキューに順番に追加されていき、順次処理されることで、他のプレイヤーや敵キャラクターとリアルタイムで対戦できるのです。

印刷ジョブの管理

プリンタに送信された印刷ジョブはキューに入れられ、順番に処理されます。

プロセスのスケジューリング

オペレーティングシステムがプロセスを管理する際、プロセスはキューに入れられ、順番に実行されます。

ネットワークパケットの管理

ルータがネットワークパケットを処理する際、パケットはキューに入れられ、順番に送信されます。

YouTubeライブのコメント処理におけるキュー

　YouTubeライブでは、視聴者から送信されたコメントを効率的に管理するためにキューが使用されます。

　コメントの流れとキューの役割は次のようになります。

1.コメントの送信
視聴者がコメントを入力して送信します。

2.サーバ受信
サーバがコメントを受信します。

3.メッセージキューに保存
受信したコメントは、メッセージキューに保存されます。メッセージキューは、コメントを順番に管理するための専用のキューです。

4.コメントの処理
キューに保存されたコメントは、順番に処理されます。サーバーはキューからコメントを取り出し、画面上に表示したり、他の視聴者に配信します。

🌱 メッセージキューの利点

メッセージキューの利点には以下があります。

効率的な管理
キューを使うことで、コメントが送信された順番に処理され、順序が乱れることなく視聴者に表示されます。

負荷分散
大量のコメントが一度に送信されても、キューに入れることでサーバの負荷を分散し、安定したサービス提供が可能です。

データの整合性
キューを使うことで、コメントが漏れなく処理されるため、視聴者全員にすべてのコメントが表示されます。

🌱 YouTubeストリーミング再生の仕組み

YouTubeライブをストリーミング配信する際、何万人という視聴者が同時にコメントを送信することができます。

この仕組みがどのように成立しているのか、基本から丁寧に説明します。

🌱 動画のストリーミング配信

ストリーミング配信とは、動画や音声をインターネット経由でリアルタイムに再生する技術です。YouTubeでは、以下のようなプロセスでストリーミング配信が行われます。

１. エンコード

クリエイターがカメラで撮影した映像は、まずエンコーダーというソフトウェアやハードウェアで圧縮・変換されます。これにより、インターネット経由での送信が可能になります。

２. アップロード

エンコードされた動画データは、YouTubeのサーバにアップロードされます。これがライブ配信の開始です。

３. 配信サーバ

YouTubeの配信サーバは、受け取った動画データを視聴者に送信する役割を果たします。

このサーバは、多数の視聴者に同時にデータを送るための高い処理能力と帯域幅を持っています。

視聴者の受信

視聴者は、自分のデバイス（スマートフォン、タブレット、PCなど）でYouTubeアプリやウェブブラウザを開き、ライブ配信を視聴します。

1．リクエスト

視聴者のデバイスからYouTubeサーバに視聴リクエストが送られます。

2．バッファリング

受信された動画データは、一時的にデバイス上に保存され（バッファリング）、滑らかな再生を確保します。バッファリングは再生中の遅延を防ぐために重要です。

コメントの送信と表示

YouTubeのライブ配信でコメントが送信され、表示されるまでの流れは、視聴者が入力したコメントがインターネットを通じてYouTubeのサーバに送信されることから始まります。

サーバに到着したコメントはまず、スパムや不適切な内容がないか自動的にチェックされ、問題がなければ次にリアルタイムのチャットサーバに転送されます。そこから他の視聴者に送信され、各視聴者の画面に新しいコメントが順次表示される仕組みです。

このプロセスでは、コメントが一瞬で表示されるように、データはパケットと呼ばれる小さな単位に分割されて送られ、受信側で再び組み立てられます。これにより、コメントが安定して伝達され、リアルタイムでの視聴者間のやり取りが可能になります。

　また、配信終了後にはコメントが保存され、後から視聴する際にも配信当時のやり取りが見られるようになっています。

　このようにして、YouTubeのコメント機能は迅速かつ安定したリアルタイムのコミュニケーションを実現しています。

１.コメントの送信

　視聴者がコメントを入力し、送信ボタンを押すと、そのデータはYouTubeのサーバに送られます。

２.コメントサーバ

　コメントサーバは、受信したコメントをリアルタイムで処理します。大量のコメントが同時に送られる場合でも、これを効率的に処理するための負荷分散技術が使われています。

３.コメントの配信

　処理されたコメントは、他の視聴者のデバイスにもリアルタイムで配信され、画面上に表示されます。

🌲 負荷分散とキャッシュ

YouTubeは、視聴者が集中するライブ配信でもスムーズにサービスを提供するために、負荷分散とキャッシュ技術を利用しています。

1.負荷分散

視聴者のリクエストを複数のサーバに分散させることで、個々のサーバの負担を軽減します。これにより、高いパフォーマンスと安定性を維持します。

2.キャッシュ

動画データやコメントデータをキャッシュサーバに一時保存し、同じデータへのリクエストが複数回発生した場合にも迅速に応答できるようにします。

おわりに

　情報社会が急速に進化し続けるなか、高校の必修科目になった「情報 I」は、現代に必要とされる IT や情報通信技術を総合的に学ぶための最初のステップです。

　本書では、情報リテラシーから情報セキュリティ、プログラミングやデータ分析まで、情報 I で扱う幅広い内容をまとめて、わかりやすく解説しました。
　これをきっかけに、多くの方が「情報」を正しく扱う力を身につけて、現代社会の課題に対処する知識と技能を育んでいってほしいと願っています。

　かつては、数学やプログラミングが得意ではありませんでしたが、高校生の頃から勉強し直しを続けたことで、大手予備校の講師として活躍できるほどの力を身につけることができました。
　だからこそ、「勉強は続ければ続けるほど、可能性が広がる」という実感を強く持っています。

　未来では、さらに複雑で高度な IT スキルが求められるようになるでしょう。
　高校の「情報 I」で学んだ基礎は、社会やビジネスの現場

でのデジタル活用にもきっと役立ちます。この本が、情報リテラシーの大切さに気づくきっかけになればうれしいです。

　情報社会がますます発展していくなか、情報を正しく理解して活用するスキルは、単なる知識以上の大きな力をもたらしてくれます。

　情報リテラシーを身につけることで、デジタル技術を使って社会に貢献したり、自分の人生をより豊かに彩ったりできるようになります。

　勉強の楽しさを教えてくれた恩師や、そこで経験した失敗と再起の積み重ねをとおして、「諦めないことが本当の力になる」という思いを強くすることができました。

　この本も、その小さな灯火のひとつになれればうれしく思います。

　勉強は、ただ試験に合格するためだけのものではなく、人生を前向きに進めていく行為でもあります。

　すぐに目に見える成果が出ないこともありますが、続けていくうちにこそ気づける豊かさがあると思います。

　この本が、多くの方の「続ける力」を支える存在になり、いつかその努力が大きな成果として実を結ぶ一助になれたら、これほど幸せなことはありません。

藤原 進之介 （ふじわら・しんのすけ）

代々木ゼミナール情報科講師。株式会社数強塾代表取締役。神奈川県横須賀市出身。中学・高校時代に数学をはじめとした理系科目への苦手意識が芽生え、必死に独学して大学進学した経験から、20歳で学習塾を立ち上げ、複数店舗にまで拡大させる。理系科目に苦手意識のある生徒に対する指導を得意とし、累計生徒数は3000名を突破。現在はオンライン情報I・情報II専門塾「情報ラボ」、および数学が苦手な生徒を対象としたオンライン数学専門塾「数強塾」を運営している。
著者に『藤原進之介の ゼロから始める情報I』(KADOKAWA) などがある。

ビジネスパーソンが知っておくべき「情報I」が1冊でわかる本

2025年2月10日　初版第1刷発行

著者名　——　藤原 進之介　©2025 Shinnosuke Fujiwara
発行者　——　張　士洛
発行所　——　日本能率協会マネジメントセンター
〒103-6009 東京都中央区日本橋2-7-1　東京日本橋タワー
TEL 03 (6362) 4339 (編集)／03 (6362) 4558 (販売)
FAX 03 (3272) 8127 (販売・編集)
https://www.jmam.co.jp/

装　　丁　——　萩原弦一郎 (256)
本文デザイン・DTP　——　有限会社北路社
印　刷　所　——　三松堂株式会社
製　本　所　——　三松堂株式会社

本書の内容の一部または全部を無断で複写複製（コピー）することは、法律で決められた場合を除き、著作者および出版者の権利の侵害となりますので、あらかじめ小社あて許諾を求めてください。

ISBN 978-4-8005-9304-7　C2004
落丁・乱丁はおとりかえします
PRINTED IN JAPAN